U0367174

微信
小程序
营销与运营实战

倪泽寒 / 编著

化学工业出版社

·北京·

本书是小程序运营的实操指导书籍，通过全方位详细讲解，让读者完全掌握小程序运营的每一个细节。

本书共14章，前3章为读者介绍了小程序的起源，以及如何搭建属于自己的小程序。第4～9章是本书的重点，通过对小程序具体运营方向的讲解，完全以实操方法为主，全面解读了小程序的用户运营、活动运营、产品运营、线上推广、线下推广与数据分析等内容，让读者更加清楚如何通过小程序运营获利。最后5章对多个典型行业小程序运营的经典案例逐一进行分析，为读者详细解读了小游戏、电商、金融行业、教育行业与医疗行业等典型行业小程序的运营法则和注意事项。

本书完全抛开了以往传统书籍科普的概念，完全以实操为主。每遇到一个问题，就给出一个具体的解决方案，让读者真正能够学到知识并应用到具体工作中。本书不仅仅适用于初入互联网行业的新手，更适用于对小程序运营和营销不了解的运营老手。

图书在版编目（CIP）数据

微信小程序营销与运营实战 / 倪泽寒编著 . -- 北京：
化学工业出版社，2019.2
　ISBN 978-7-122-33419-0

　I . ①微… Ⅱ . ①倪… Ⅲ . ①网络营销 Ⅳ .
① F713.365.2

中国版本图书馆 CIP 数据核字（2018）第 283204 号

责任编辑：卢萌萌　　　　　　　　美术编辑：王晓宇
责任校对：张雨彤　　　　　　　　装帧设计：北京芊晨文化传媒有限公司

出版发行：化学工业出版社（北京市东城区青年湖南街 13 号　邮政编码 100011）
印　　装：中煤（北京）印务有限公司
710 mm×1000 mm　1/16　印张 13¼　字数 233 千字　2019 年 8 月北京第 1 版第 1 次印刷

购书咨询：010-64518888　　　　　售后服务：010-64518899
网　　址：http://www.cip.com.cn
凡购买本书，如有缺损质量问题，本社销售中心负责调换。

定　　价：58.00 元　　　　　　　　　　　　　　版权所有　违者必究

一个真实的故事

小程序运营，没我们想的那么难！但是现在很多刚刚接触小程序的新手都存在一些相同的问题。比如：如何搭建小程序，拿到产品之后如何推广，如何吸引更多的用户，如何产生利润等。而这些问题对一个运营新手而言，是非常致命的，可能会使他们对运营产生惧怕、迷茫甚至是退缩，最后选择放弃。

有一位 95 后的新手，在 2017 年中旬才开始接触小程序的学习，曾经的他连微信公众号是什么都不知道。8 月中旬，《小程序运营你也能搭上流量红利的快车》的初稿在运营圈做了内售，数小时的时间内 100 本初稿销售一空。

当时这位年轻的 95 后，在一家公司做初级运营。他购买了这本书之后，经常来咨询作者相关问题，比如：小程序怎么引流，怎么维护与用户之间的关系，怎么做活动才有亮点。面对这些问题，作者并没有一一解答，而是对他说："你现在应该更多地掌握我书中的技巧，并且跟随书中的方法进行实操，这些问题自然都会迎刃而解。"

在接下来的几个月时间里，他没有再频繁地咨询作者，当时作者只是想"又是一个遇到问题就半途而废的年轻人"。而当作者在 2018 年开始钻研新型运营技巧的时候，他在作者的微信上说："太感谢你了，我现在已经升为公司的部门主管，有了属于自己的小团队，并且在上个月为公司带来了 20 多万的利润，这一切都要感谢你写的这本书，真是让我受益匪浅。"

短短几个月就从新手晋升为主管，并且带领自己的团队帮助企业一个月就获得了 20 多万利润，这是可以实现的目标！现在这位年轻的 95 后为了更好地学习小程序的运营，已经来到了作者的公司，并且专注一款产品的运营，往运营之路的更高峰攀爬。

你该怎么办

现在是年轻人的时代，如果你认为自己足够年轻，就不要轻言放弃。从上面这位 95 后小伙子的成功案例中，我们不难发现，做小程序运营是没有年龄、没有学历、没有门槛的，大家都是从零开始。只不过当我们做运营的时候，需要认真地问问自己，有没有将它当成自己的事业，有没有将它当成一种能够改变自己命运的途径，如果答案是肯定的，那你想不成功都不行。但是，真正能够坚持下来，并且踏实学习的人太少了。很多人都急于求成，急着想要获得成功，却最终只能离成功越来越远。

对于做小程序运营的伙伴，作者提出了根本性的建议："心里不要只想着赚钱，更多的是要去理解这款产品，去思考怎么提高用户体验，怎么吸引用户并让他们成为忠实用户。"做运营其实很简单，无非就是了解产品→吸引用户→搭建圈子→维护用户→促进销售→及时反馈→客户再次消费。

如果你能够将这个流程捋清楚，那么做运营是非常轻松的。运营其实并不是单纯地做某款产品，更多的是处理与用户之间的关系。许多运营新人，经常会被大数据流量、PV 值等蒙蔽了双眼，总以为流量越大，获得的利润就越高。但其实不然，过多地关注竞争对手的流量，而忽视了自身用户的维护，才是运营过程中最为致命的。

那么新手应该如何去做小程序运营呢？作者认为要具备以下几点要素：

一颗学习的心→一个思考的大脑→一双勤劳的手→一双远见的眼→实战获利赚钱的欲望。

只不过现在很多运营新手，虽然拥有一颗学习的心，但直接就想赚钱，把思考、动手、布局这三个最重要的步骤通通跳过了。学习到赚钱是需要一个过程的，就像古话说的："欲速则不达。"而作者的这本书，正是按照这个思路来创作的，只要慢慢跟着书中的技巧去实操，不出 3 个月，你运营的项目也能取得巨大的收益。

作者现身

接下来作者将以自身的经历，讲述小程序运营如何才能获得成功。

作者（笔名：倪泽寒）2017 年 1 月份开始研究小程序，并成立了属于自己的小程序运营团队。在这之前，他对小程序也是抱着半观望、半入行的心态。当时作者对于这个新诞生产品的基本操作也是比较茫然的，但是经过一年时间的钻研，作者已经完全能够掌握小程序的每一个功能和使用的方法。

在这一年中，作者没日没夜地思考着小程序里的每一个功能，进行一个又一个实操项目，组织一次又一次活动，为企业带来一次又一次丰厚的利润。在这一年的时间里，作者基本没有休假，一直都处于学习、钻研、实操、探讨的状态，最终取得了成功。

也许你觉得能像作者那样坚持的人毕竟是少数，那么作者再给你讲一个曾经在工厂打工的小伙子的经历。他现在是作者公司的一个运营组长，而在这之前他只接触过工厂机械式的流水线。2017 年 4 月份，经过亲戚的介绍，他来到作者的公司并接受作者的培训。经过了短短几个月的学习和沉淀，他所运营的产品已经能够做到日PV1000+ 的数据，并且日销售达到了 5000+，除去开销，净利润在 2000 元以上。他能取得这样的成功原因只有 1 个：充分利用好一些免费的引流渠道，包括一些比较知名的自媒体平台。

通过作者和这个小伙子的成功经历，我们不难发现，想要在互联网上取得成功，方式方法有很多，但要想真正成功，就必须用心做好一件事。如果我们能将一件最简单的事做到极致，那必然就是一种成功。

从本书你能学到什么

作者一贯的理念就是以实操为主，以结果为本。一切以概念为科普的理论知识，都是浪费读者的时间。这本小程序运营实战书，是经过作者及其团队长达一年时间打磨出来的精品实战书籍，是一本真正能够让新手快速入门，并且成功成为运营大师的佳作。

由于篇幅有限，作者在这里直接用思维导图的形式，让你明白本书的核心内容。

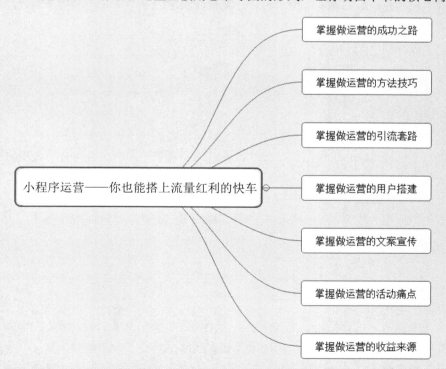

整本书是完全系统化的知识流程，助你在做运营的道路上，真正发挥自己的能力，取得巨大的成功。

本书和其他运营书的区别

目前市面上已有许多运营方面的书，但是大多数都是以科普理念为主，而针对小程序运营的实操书籍更是少之又少。而且这些运营书几乎都是利用标题来吸引读者，读者在看了这些书籍之后，并不知道怎么去操作，更别说获利了。

本书与其他运营书的五大不同之处如下。

1. 系统性强

从运营小白到运营大牛，从自己接触到带领团队，本书以严谨的思路和逻辑，对小程序运营的实操进行介绍，由浅到深，力争让读者在几个月的时间内，掌握本书中的实操技巧，成为一名真正具有实操能力的运营高手。

2. 实战性强

本书无论是从最开始的注册流程，还是最后的案例分享，完全以实操为主，真正满足读者"我不要理论，只要实操"的需求。

3. 知识性强

小到基本的外推引流，大到管理正规项目的运作流程，本书对每一个知识点都做了十分明确的分析，让每一位想要从事运营行业的读者，都能找到属于自己的奋斗目标，并且不断前进。

同时，在一般人的眼里，小程序只能在微信这一闭环的圈子里引流。本书恰好没有针对这一点进行深入讲解，而是传授给读者更多其他方面的引流方式，包括百度旗下的渠道、第三方新闻源、SEO 营销技巧以及线下地推等。

4. 成长性强

本书采用个人微商到企业微商的进阶式讲解方式，几乎把微商新手到微商大咖所要经历的每个阶段都做了详解。

从最初的注册流程，到最后的数据分析，本书对小程序运营的操作流程均进行了详细介绍，让读者不再迷茫，不断前进。

5. 管理性强

个人微商成功很容易，只要领悟性不是很差，几乎都能够成功。但个人微商做到一定程度就很难继续发展，唯一的出路就是往团队化发展。但是很多人只懂个人如何做得好，对团队管理、企业管理却一无所知。本书不仅详细介绍了个人微商，更揭示了微商团队管理、企业管理的精髓，让你再次突破瓶颈，再展宏图。

CONTENTS

第1章

互联网营销新时代：微信小程序

    随着互联网的发展，网络营销也应运而生。每个时代都会有对应的营销方式，在互联网时代，小程序营销是一个主要方式。自 2017 年公测以来，小程序在短短一年的时间内就得到了无数用户和商家的喜爱。

    要想获得小程序营销的红利，关键是做好小程序的运营，而要做好小程序运营并不难，只要掌握一定的方法和技巧，必将取得成绩。

1.1 学好小程序，先扫掉自己的盲区

虽然本书是一本着重讲解如何运营微信小程序的书，但是直接讲解运营知识，可能会让读者觉得有些茫然。所以在这之前，要先为读者扫掉一些盲区，比如：小程序到底是什么？是如何诞生的？该在哪里找到它？

1.1.1 微信小程序的定义和发展历程

只要你没有脱离这个互联网社会，相信你一定听说过微信小程序。现在是它的时代，SEO、SEM 和新媒体都已经成为了过去。

（1）微信小程序的基本概念

微信小程序，俗称小程序。不需要单独下载，使用起来更加方便。只要用户的手机安装了微信，无论走到哪里，都可以通过扫一扫二维码和搜一下立马使用。

小程序既可以自主申请，也可以借助微信公众号进行绑定。无论商家现在运营的是订阅号、服务号还是企业号，都可以随时进行申请。

（2）小程序的发展历程

任何一款产品在正式发布之前，都要经历市场调查、用户需求、产品定位、开发、测试、正式上线等多个过程，小程序也不例外。虽然说它在 2017 年 1 月 9 日正式上线，但并不代表是在此时诞生的。

众所周知，微信自从诞生以后，在很大程度上改变了用户的生活和商家的发展。为了满足商家的需求，微信开发出了服务号，就是为了方便商家与用户之间的交互。但是服务号的出现并没有达到商家的预期，因此只是昙花一现。所以 2016 年 1 月 11 日，张小龙再次提出，微信将会开发出新的形态，而这个形态就是小程序的雏形。

在长达八个月的研究和开发之后，2016 年 9 月 21 日，腾讯官方正式开启了对这款产品的内测。其随用随走，无需下载就能使用的便捷性，使其在内测期间就取得了巨大的成功。

2017 年 1 月 9 日，在用户的期待下，第一个小程序正式上线了。

1.1.2 BAT 三巨头布局之路

对于不是经常接触互联网的用户来说，小程序可能是一款十分新颖并且成功的产品。但是对于熟知互联网的人来说，其实这款产品并不新颖，甚至可以说其成功也是必然的。B（百度）A（阿里巴巴）T（腾讯）作为互联网的三大巨头，都曾对这一领域有过布局。

那么它诞生的原因是什么？ BAT 三巨头又在这个方面做了哪些布局呢？

（1）小程序诞生的原因

不难发现，小程序是借助微信而生的。而微信是什么？专业一点的术语称之为应用软件，通俗一点的叫法是 APP，全称为：Application。想必大家对 APP 应该不会感到陌生，这里就不做过多的介绍了。那么它就可以理解为，一个独立的 APP 里面包含了多个 APP 的功能。当用户想要使用这些 APP 的时候，会更加方便。没错，更加方便的操作正是其诞生的原因。

APP 的诞生为用户的生活带来了许多方便，但随之而来的问题也越来越明显。每当用户想要使用某种功能的时候，都得去应用商店对该类型的 APP 进行下载。比如：用户想要看电视，就得下载视频类的 APP，如"爱奇艺"或者"优酷"；用户想要购买机票，就得下载出行类的 APP，如"携程网"或者"去哪儿网"。

如果用户的需求很多，相应下载的 APP 也就多起来了。这样一来，用户不仅需要不停地清理手机内存，还得频繁地切换各种 APP 才能使用对应的功能。而小程序的诞生成功地解决了这一难题，让用户不用再为手机内存而发愁，也不用再为频繁跳转至其他 APP 才能完成自己想要使用的功能而烦恼了。

（2）百度直达号

对个人用户来说，知道百度直达号的并不多。随着移动互联网时代的来临，越来越多的用户开始使用手机消费，为了能够搭建百度的用户圈子，百度决定创建直达号，如图 1-1 所示。

图 1-1 百度直达号

用户可以通过直达号，轻松地实现移动搜索、@ 账号、地图以及个性化推荐等多种功能，随时随地享受商家的服务。百度直达号的优势非常多，但是并没有一个强大的社交用户群体作为支撑。而小程序却不一样，微信积累起来的十亿用户让其迅速走红，加上强大的功能，使其快速成为了用户的首选，有了用户之后，商家自然会争相入驻。

现在百度直达号已停止服务。

（3）支付宝生活号

支付宝虽然装机量大，但是用户只有在支付的时候才会想起支付宝。而用户会经常使用支付功能吗？答案显然是否定的。支付宝生活号是为了生活而成立的账号。虽然寓意很明显，但是却在没有任何用户使用的基础上，就贸然吸引商家入驻，最后也没有掀起太大的风浪。支付宝生活号如图1-2所示。

图1-2 支付宝生活号

如果大家想要了解支付宝生活号，可以在百度搜索框中输入支付宝生活号搜索就能找到。

（4）小程序的成功是必然的

百度直达号和支付宝生活号之所以没有在这方面取得成功，最大的原因在于用户群体，这个用户群体不仅仅是社交用户群体。百度直达号和支付宝生活号优先考虑的都是商家，希望通过商家自己的宣传将用户群体搭建起来。而小程序却不一样，它优先考虑的是用户，只有用户喜欢了，商家才会喜欢。在一个没有任何用户群体聚集的平台上，是不会有任何一个商家入驻的。

1.1.3 找一找，轻松发现小程序

大家都说在微信里就能找到小程序，但是有些用户并没有使用过，找了很久却没有找到。小程序是一款全新的产品，没有使用过的话，是不会出现在微信比较明显的位置的。那么怎么才能找到小程序呢？

①首先要确保使用的微信至少是 6.5.4 以上的版本，如果没有更新到这个版本，可以点击微信右下角的"我"界面中的设置按钮进入设置界面，点击"关于微信"，进入后点击"版本更新"，如图 1-3 所示，截至 2019 年 5 月份，微信最新版本为 7.0.4。

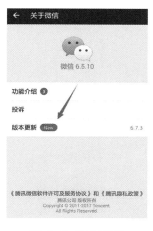

图 1-3 版本更新

图 1-4 添加朋友

②更新完成之后，点击右上角的加号按钮选择添加朋友功能，如图 1-4 所示。

③在该选项框中输入"小程序示例"，并点击进入，这样就能了解一些关于它的功能了，进入小程序如图 1-5 所示。

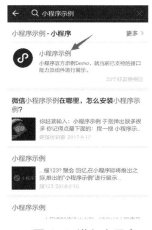

图 1-5 进入小程序

图 1-6 小程序入口

④退出该功能之后，就可以在微信界面的"发现"版面找到小程序的入口，如图 1-6 所示。

经过以上的四个步骤就能快速地找到小程序所在的位置了，非常简单。

案例 1-1

熟悉小程序的位置以后，不妨直接使用一下。以点外卖为例，以往我们想要点外卖都需要打开某款 APP 才能使用，但是有了小程序之后就可以省去这些操作。

首先点击小程序，进入应用界面如图 1-7 所示，可以看到，最近使用过的小程序和附近的小程序，但是这些并不是我们想要的。

图 1-7 应用界面　　　　　　　　图 1-8 使用案例

我们可以通过点击图 1-7 右上角的小放大镜输入关于外卖的产品，比如："美团"，进入列表页面，如图 1-8 所示，这样就能直接使用外卖的功能了。如果已经使用过，则可以在最近使用的功能里看到，搜索的时间也省了，非常方便，也十分简单。

1.1.4 小程序的使用、删除与分享

通过 1.1.3 节大家已经知道了小程序在哪里，但是对于一款全新的产品而言，了解一些基本的操作也是非常有必要的。所以本节重点为大家整理了一些常用的操作方法，这样使用起来也更加方便。

（1）删除与置顶

因为操作系统的不同，安卓手机和苹果手机在删除和置顶上也有所不同。安卓手机只需要长按需要置顶或者删除的小程序，点击标为星标或者删除即可；苹果手机需要在列表中，使用向左滑动的功能，即可置顶或者删除。

注意：一旦删除，所有未保存的信息都会删除，不会保留。所以在删除之前，一

定要慎重考虑。

（2）将小程序的图标发送至桌面

将图标发送到桌面，主要是起到快速使用的作用。具体操作步骤如下：打开想要使用的小程序，并且点击右上角的【●●●】按钮，点击添加到桌面即可，如图1-9所示。

注意：如果显示添加失败，一般情况是手机没有启动授权功能。此时需要在手机软件管理权限界面，将其设置成授权微信添加桌面快捷方式，再重复以上操作，则可以顺利添加到桌面。

（3）分享给好友

具体操作步骤与第二点类似，打开想要使用的小程序，并且点击右上角的【●●●】按钮，出现如图1-9所示的界面，点击转发，并发送给相应的好友即可，如图1-10所示。在这里还可以选择单发好友和群发好友。

图 1-9 添加到桌面

图 1-10 分享给好友

1.2 小程序的出现，一场"革命性"的颠覆

互联网的发展十分迅速，往往每隔一段时间就会诞生一款全新的产品，而这款产品小则可以改变一些人的职业方向，大则可以改变人们的生活习惯。比如：百度搜索引擎改变了用户的搜索习惯，取代了线下纸媒；共享单车改变了用户的出行习惯，短途出行，单车更方便。

如果说每一次创新的成功都是一次巨大的改变的话，那小程序的出现同样也在改变着用户的生活方式。一场全新的"革命"即将来临，准备一起迎战吧。

1.2.1 优势展现，盘点小程序的优点

百度搜索引擎如此火爆，是因为拥有能够让用户快速查找知识，解决问题的优点；共享单车如此热门，是因为拥有让用户轻松自由出行，而且可以锻炼身体的优点。那么小程序如此火爆，自然也有它自己的优点。小程序的优点如图1-11所示。

图 1-11 小程序的优点

（1）更方便

相比APP而言，小程序不用安装，打开就能用，非常节省时间、内存和流量。同时不用占用桌面的空间，使用起来更方便。

（2）更省钱

小程序的开发是非常简单的，如果你会自己写代码那更加容易。如果不会，花一些小钱也能快速获得。因此开发者可以将更多的预算成本投入运营推广当中去，节省开发的成本。

（3）更安全

大品牌的APP自然不用说，用户都会放心使用。但是有些APP因为名气不够大，加上贪图小利的流氓软件非常多，用户也不敢轻易使用。但是在微信的支撑下，哪怕再没有名气的小程序，只要推广得当，都会受到用户的喜爱，因为完全不用为安全问题担心。

（4）更简单

对于运营来说，APP推广需要借助非常复杂的ASO推广模式，但是小程序的推广却是非常简单的。

（5）更省时

现在用户的时间是极其宝贵的，用户想要的也非常简单。比如想要购买飞机票，用户希望的是直接扫码填写信息，付款购买就可以了。而不是打开某款APP之后，还要等待数秒的广告加载，再去查找。即使使用服务号，用户也需要在关注服务号之后，找到想要购买的机票再付款，这样也很耽误时间。

小程序的出现在本质上融合了APP绝大部分的常用功能，更解决了用户使用需要频繁操作和等待广告的弊端，使用的时候更加舒心省时。

1.2.2 用户获利，小程序改变了生活

在互联网时代，用户的生活在不断改变。曾经通信只能使用书信来往，但是手机出现了；曾经只能通过报纸、电视获取知识，但是电脑出现了；曾经用户想要出行只能靠走路，但是汽车、火车、飞机都出现了，而且速度越来越快。

但问题也接踵而至。比如现在手机的功能越来越强大，用户安装的APP也越来越多，但却导致手机越来越卡，使用起来也越来越慢。虽然手机制造商正在不断地解决这些问题，不断地增加手机内存的空间，但这并不能从根源上解决这些问题，腾讯轻松地利用小程序解决了。

用户的生活包括很多方面，比如衣食住行、兴趣爱好以及工作学习，而小程序的出现，也正好改变了这些。

（1）小程序改变了用户的生活方式

小程序的出现对用户产生的巨大影响，尤其体现在衣食住行方面。

案例 1-2

以餐饮行业中的外卖为例，以往商家要想在某个平台上做团购优惠或者活动宣传，就需要下载一个APP。作为用户想要享受商家的福利，购买商家的产品，也需要下载一个APP。而APP作为第三方，一方面吸收了商家的利益，商家需要缴纳一定的费用才能在该平台上宣传；另外一方面作为产品，占用了用户大量的内存。

但是小程序作为一款轻应用，有不用下载、用完即关的优点。如图1-12所示的大众点评答题PK，这种优惠方式既不会损害商家的利益，也方便了用户。用户只要扫一扫或者搜一搜，就能立马享受商家给予的优惠。这种轻松便捷的操作，无形之中改变了用户的生活方式。

图 1-12 大众点评答题 PK

（2）小程序改变了用户的兴趣爱好

以前大家提到自己的兴趣爱好都会说"我喜欢猫和狗"之类，但是现在已经不能单纯地说喜欢猫和狗，而是应该说喜欢秀猫秀狗。

案例 1-3

举例来说，曾经用户想要将自己拍摄的视频让其他用户也能看到，需要打开电脑登录某些网站，然后将视频上传、编辑，最后发布。而且发布之后还需要各大平台进行审核，审核通过才能展现，如果审核不通过连自己都不能观看。对于用户来说，需要花

费的时间太多，而且太麻烦。对于管理员来说，每天要审核这么多视频，也是非常累的。

但是小程序出现之后，用户可以随时随地将自己拍摄的视频及时分享给其他人，如图1-13所示。通过分享视频小程序，不需要通过电脑就能轻松上传，而且还可能随时收到打赏。

（3）小程序改变了用户的职业方向

每个新型行业的诞生都会催生出一批新型创业公司和人才，这是亘古不变的规律。SEO的诞生催生了优化这个岗位；SEM的诞生催生了竞价这个岗位；新媒体的诞生催生了新媒体、自媒体运营的岗位；而小程序的诞生，同样也催生了许多不同的岗位。

案例1-4

据腾讯发表的小程序数据显示，现在第三方代理的平台多达2000多家。这2000多家里面，最多的也是初创企业。我所认识的一个朋友抓住了这个时机，他在这一年多的运营过程中，代理研发了多种产品，从中获利不少。

我也是一名创业者，所以我非常清楚借着大势所带来的利润是十分可观的。小程序的诞生催生了许多创业公司，同样也催生了不同的岗位，比如开发、运营、客服等，而且这些岗位的待遇都非常高。

对于创业者而言，这是一个绝佳的创业机会；对于普通用户而言，这是一个能够改变自己职业方向的机会。

现在小程序的出现只是改变了用户的一些习惯，还不是很完善。未来它会成长到什么程度无法预估，相信会彻底改变用户的生活。

图1-13 分享视频

1.2.3 企业崛起，小程序带来新的方向

马云在20世纪90年代创业初期曾经说过："未来将是互联网的时代"，可是当时并没有多少传统企业的老板相信他。结果多年之后，无数实体店老板线下的生意，被一批后来居上的网络创业者给吞并。这足以证明，互联网时代来临了，无数机遇也正在来临。

随后企业老板们都醒悟过来，互联网是必须做的。所以无论是后面的SEO、SEM，还是新媒体，传统企业的老板都在彻底转型，并且越做越大。现在对于小程序的出现，想必企业老板们也早已做好了全力冲刺的准备。

那么对于企业来说，小程序带来了哪些好处呢？如图1-14所示。

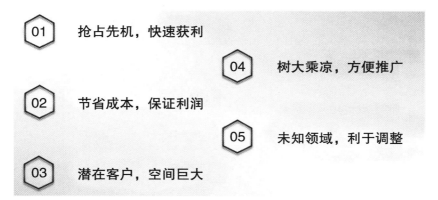

图 1-14　小程序给企业带来的好处

（1）抢占先机，快速获利

第一波做 SEO 的老板赚钱了，第一波做 SEM 的老板赚钱了，第一波做电商的老板赚钱了，第一波做新媒体的老板也赚钱了。无数事实证明，只要能够抢占先机，赚钱是非常简单的。

（2）节省成本，保证利润

大家都知道企业是需要赚钱的，但是不推广怎么赚钱呢？相比需要较高开发成本的 APP 而言，小程序的成本更加便宜。由于 APP 是独立的，需要自主推广，推广的成本十分庞大。而小程序却可以使用微信自带的推广功能，用户只需轻轻一扫就能立刻使用。这就节省了企业的推广成本，保证了企业的利润。

（3）潜在客户，空间巨大

小程序是一个全新的产品，用户对新的事物都会产生好奇心，他们会抱着试一试的心态去使用，这样一来，企业就能快速获得这些潜在用户。

（4）树大乘凉，方便推广

小程序是借助微信的，企业可以借助微信巨大的流量，巧妙地推广自己的企业品牌，只要被搜索到就会有曝光，有曝光就会有用户。而这些用户的来源，都是依靠微信这棵大树而来的。

（5）未知领域，利于调整

市场越未知，越能造就成功的企业，如果没有一颗敢于争先的心，是不适合接受全新事物的。任何一个行业或产品的出现，一旦形成了稳固的形态，再想从中获利，将是一件十分困难的事。

而现在小程序还处于不断发展的阶段，企业可以通过学习和自主创新进行调整来吸引用户。

案例 1-5

举一个简单的例子，我在 2010 年开始从事网络营销，当时身边还流传着 SEO 是赚钱的。可是等我扎根其中之后，我发现通过 SEO 赚钱太难了。因为 SEO 的市场已经饱和，具有流量的词早被各个行业所占据，势单力薄的我怎么可能赚钱呢？

再举一个例子，2016 年自媒体开始火爆，如图 1-15 所示。2017 年甚至被称为自媒体元年，无数人通过自媒体平台赚到了钱。但是 2018 年还有多少用户能够从自媒体当中赚钱呢？而我是从自媒体领域并未受到太多关注的 2014 年就开始撰写文章了，因此，我非常幸运地抓住了自媒体的时机，从自媒体领域赚了十余万元。

图 1-15 自媒体

其实我原本也只是写一些普通文章，但是当我发现能够通过自媒体获利之后，我立马调转了枪头，配合各大平台的推荐和喜好，获得了大量粉丝的关注和喜欢，最后从中变现获利。

1.2.4 小程序更适合哪些行业

在了解了小程序的种种优点和优势之后，大家不妨进入下一个思考环节。既然它有这么多优点，那它是不是适合任何行业呢？

答案是它并不适用于任何行业，但绝对适用于大多数行业。主要原因是它更偏向于商业场景的服务，以商业带动经济。整体来说，适合小程序的行业可以分为四类，包括场景应用类、便捷生活服务类、常用工具应用类以及社群方向社交类，如图 1-16 所示。

图 1-16 适合的行业分类

（1）场景应用类

场景应用类主要针对的方向为 O2O，也就是我们常说的线上到线下的模式。

①通过引流来获利的行业

现在有许多企业会做一些外包的工作，这一现象出现的原因主要有两个。第一是传统企业不会做线上营销，只能找一些外包公司代做；第二是有些企业搭建过这样的团队，但是没有合适的人去领导和管理，最后成本入不敷出，不如交给外包公司。

②通过培训来获利的行业

培训行业一直是一块大蛋糕，许多知名的培训学校现在都已经拥有了属于自己的小程序，比如：新东方、达内教育、北大青鸟等。

（2）便捷生活服务类

服务类主要针对的方向为生活，领域一般为电商以及外卖。

①通过外卖来获利的行业

通过小程序快速下单，就能让用户及时享受外卖服务。小程序的出现，正好解决了外卖 APP 那种复杂操作的困境。

②通过电商来获利的行业

现在的用户，尤其是女性，最大的乐趣估计就是"买买买"了。不用打开淘宝就能快速购物，这是何等的乐趣。

（3）常用工具应用类

应用类主要针对的方向为常用工具，比如查询和阅读。

①通过查询来获利的行业

有些用户会在某些平台查询一些信息，比如查询手机号码归属地，查询中英文翻译等。

②通过阅读来获利的行业

读书一直都是比较火爆的行业，尤其是小说。许多人都喜欢看小说，开发一款即读即走的阅读程序，使用户可以快速找到自己想要阅读的书籍，对用户而言是非常具有吸引力的。

（4）社群方向社交类

社交类主要针对的方向是社群。

①通过互动来获利的行业

搭建一款互动的社群，让朋友想说就说，并提供有偿咨询服务，也未尝不可。

②通过线上预约来获利的行业

以医疗行业为例，患者先通过网上预约，可以提前

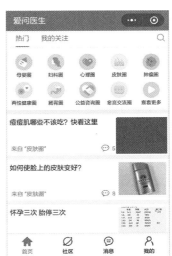

图 1-17 新浪爱问医生

享受一些服务。比如：不用排队、免挂号费、专家亲诊等。新浪爱问医生如图1-17所示。

整体来说小程序适用的行业非常多，比如：旅游酒店、运动健身、洗浴休闲、美容美发、品牌餐饮、学习培训、亲子教育、婚纱摄影、医疗健康等，只要涉及用户能够产生消费的行业都可以。

1.3 搭上小程序专车，获取一波红利

当一款全新的产品出现之后，普通用户只会关注使用体验，好就继续用，不好就放弃。而作为营销人、运营人、网络人以及企业老板，需要考虑的是怎么通过这款产品获利。在我写这本书的时候，我曾经向一位读者提到小程序，而对方的第一反应却是："它不是微信里面的游戏吗？"随后我向她说："这就是普通用户和运营人的区别，你考虑的只是享受里面的游戏，而我考虑的如何通过撰写文章，让更多的用户学到知识，并且通过知识去变现。"

如果说正在阅读此书的你也觉得小程序只是一款游戏，那你是很难从这本书中获取知识并且变现的。所以思想很重要，任何值得学习的知识，都是可以从中获利的。

1.3.1 不会写代码，小程序如何快速获利

有些读者可能会先入为主，认为从事小程序这个行业就一定要会写代码，其实并不是。虽然想要制作它并不难，但是也没有想的那么简单。如果大家有兴趣，也可以花一点时间学习一些代码。

但是如果实在不会写代码，是不是就无法获利了呢？答案当然是否定的，本节将为大家列举三个不会做小程序也能赚钱的方法。

（1）市场调查，策划方案

一款产品在正式决定制作之初都会先进行市场调查，方向主要有：公司的实力在行业所占据的比例，推广的产品是否具备绝对的竞争力，用户是否具备对产品的消费能力，用户的喜好等。在调查完这些信息之后，需要通过Axure RP（一款策划软件）进行每一个板块的布局，大到整个功能的实现，小到每个文字的排版。

如果你具备丰富的策划经验，通过搭建的人脉圈子，想要赚取一定的外快是非常简单的。

案例1-6

张某是一名职业策划人，奈何公司并没有往小程序进军的念头，但是张某对于新鲜事物非常有兴趣。于是她借助多年的人际关系，对身边的朋友说："如果需要做策划

方案，可以找我，价格从优。"多年的工作经验加上人际圈子，让许多老板都找到她，要求制作一些方案，并支付一定的报酬。

张某最终选择了一个游戏类的公司，并在业余时间对该款游戏的市场进行了调查和规划。除了给出基本的策划方案稿之外，张某还额外将一些用户反馈的信息，比如：多增加一些互动功能、更加喜欢 Q 版的游戏角色、喜欢更酷的装备等，提交给公司老板。最终老板采用了张某的方案稿，并给予了张某应得的报酬。张某自然也赚到了额外的收入。

（2）文案撰写，吸引用户

想要用户快速使用我们的产品，方式有很多，比如直接在某些知名的视频网站投放广告。但是这种类型的广告所花费的金额非常大，一般企业根本无法承担。而现在互联网上也出现了更加省钱的营销模式，那就是软文营销。通过软文的撰写，将产品呈现在用户面前，吸引用户使用，这是目前最常见并且最省钱的模式。

现在网上有许多兼职网站、各种 QQ 群、微信群都会经常出现这样的广告，比如：软文代写，按字数计费。所以如果大家能够写一手好文章，每篇文章赚取百十来块也是非常轻松的。

案例 1-7

小 A 是一名在校大学生，由于是 95 后，对各种社交媒体平台都非常有兴趣。尤其是在 2017 年自媒体火爆之后，小 A 也加入其中，有了自己的自媒体平台。虽然每天不怎么赚钱，但是过得也很充实。突然有一天，一个客服找到她并对她说"我觉得你写的文章挺不错的，我这边是专门做软文代写的公司，有许多文章要写，你有兴趣的话，我可以按照 ×× 元 / 千字的稿费给你，你看怎么样？"其实小 A 也一直在想怎么通过写文章来赚钱，于是欣然接受了这个任务。

这家公司对接了许多产品，小 A 在了解了这些产品之后，便开始撰写文章，将广告植入文章当中。由于积累了一段时间，文笔也有一定的基础，最终写出了对方想要的文章。而对方也十分爽快地给了小 A 一笔稿费。这样小 A 每个月都能抽出时间写出十几篇文章，通过这些文章不仅赚到了生活费，还赚到了外出旅游的钱。

（3）渠道资源，推广无敌

我是一名运营人更是一名营销人，加入的营销群也非常多。而营销群最多的就是有各种推广单子（行业术语，通俗一点讲就是发外链引流），雇主会在群里发送某些任务，比如"×× 关键词，大量长尾词，按收录计费，能做的私聊。"群里的人就会去与雇主协商并达成协议。但是由于这种任务保障性较低，骗子较多，所以很多人一般都会选择当天计费，也就是当天收录多少条，则支付对应的报酬。

案例 1-8

王某刚毕业没多久，进入一家互联网公司之后，在该公司担任外推专员的职位。由于体会到了赚钱的辛酸，王某在进入这家公司以后非常努力地学习外推知识。当适应了公司的外推工作之后，王某的主管告诉他，你可以加入一些营销群，一方面可以提高能力，另外也可以增加一点收入。

随后王某加入了一些营销群，在群里也认识了许多同龄人。随着他在群里的时间越来越长，大家对他也产生了一定的信任。于是他开始尝试接推广的单子，他将自己的渠道都整理成相应的表格，注册了与公司不同的账号，利用下班时间做单子。一条收录 5 毛钱，王某第一天就赚了 30 元，虽然钱不多，但是他开始尝试收集更多的渠道，并且接受更多的单子。王某现在最大的心愿就是能够利用这样的单子，实现日收入大于100 元的梦想。

通过以上三个案例不难发现，除了策划工作需要具备一定的工作经验之外，其他都可以从零开始学习。并不是只有会写代码，会做开发才能赚钱。当然如果你既不会策划方案、也不会撰写文章，对于推广也是一知半解，那也不用担心。好好研读本书之后，通过运营获利也是非常轻松的。

1.3.2 个人用户，小程序带来收益

相比上一节，本节将会提供更多通过小程序获利的方法。个人通过小程序获利的办法如图 1-18 所示。

（1）抢先注册，卖号者

任何新兴的行业，如果能够抢先做，那么获利的机会是非常大的。在互联网圈子有一个最典型的案例，在互联网兴起的时候，某人囤积了几千万个域名，最后通过域名倒卖实现了人生大逆转。现在小程序也同样可以，它是有关键词的，而且也

图 1-18 个人通过小程序获利的办法

是需要注册的。一旦某个企业想要注册的关键词被抢注，就不能注册了，这对于企业来说是十分痛苦的一件事。所以可以通过抢先注册一些关键词，最后进行倒卖来获利。

案例 1-9

畅行互联网多年的老兵李某，一直关注着互联网的动态。无论是新兴行业的崛起，还是全新产品的上线，他都能第一时间知道。2017 年初小程序刚刚诞生的时候，李某

就发现了其中的商机。于是他开始疯狂注册热门的关键词，并且整理成大量的表格数据。

随着小程序越来越火爆，入驻的商家也越来越多。可是有些商家在注册的时候发现，很多词已经被抢注了。商家为了获取这些关键词，开始联系抢注的李某，并希望购买李某手上与自己企业所有相关的关键词。经过一段时间的商议，李某与商家达成协议，将手上 100 个与其行业相关的关键词全部转让给了该商家，并赚到了数万元。

由于抢先注册的关键词非常多，找到李某的商家也越来越多。李某为了获取更多的利润，也会根据商家的实力进行报价，因为李某非常清楚，这些关键词如果没有足够的实力和把握，最好不要囤积太长时间，所以李某能赚就不会亏的思想，让他迅速积累了一波财富。

（2）产品评估，评测人

大家都知道淘宝可以刷好评，其实凡是涉及点评功能的地方都会有刷好评的人员。而作为评测人，不仅要写出产品优点，还需要将缺点指出并给出详细的使用技巧，让用户更加清楚该款产品。

由于小程序还处于发展期，所以该工作岗位没有十分火爆。但如果发展起来，作为依靠评价来获取用户的商家，雇佣评测人也是势在必行的。

（3）功能开发，程序员

现在只要是互联网公司，哪家没有程序员？这足以证明他们不可撼动的地位。小程序虽然有个小字，但也是程序，也需要通过撰写代码来实现。所以也有许多人说，它的出现给程序员带来了另外的希望，也不是没有道理的。

案例 1-10

由于我是程序员出身，所以身边认识许多做开发的程序员。但是由于开发力度大，加班也是常态。我有一个朋友就是这样，虽然拿着高薪的工作，但是在北京那样的一线城市，压力也是非常大的。后来我向他推荐，不妨看看新出的小程序开发，这个岗位是新出的，人才也比较紧缺，肯定不会像你现在这么累。

在听取了我的建议之后，他开始尝试自己开发，最后他感觉，相比较之下，小程序开发更轻松。于是他毅然决然地离职，加入一家代理小程序开发的公司。由于工作经验丰富、能力强，他很快就升为了主管，并且不用加班，薪资也高于之前的水平。

1.3.3 企业用户，小程序红利志在必得

如果你只是个人，对于小程序的出现是否能够获取利润抱有疑问，那还情有可原。但是作为企业来说，它的出现一定是需要创造价值、带来利润的。

曾经公众号的出现，使许多线下的商家意识到了内容的重要性，于是诞生了一波

又一波的自媒体人。但是这种借助内容营销的热度已经开始逐渐消退，用户对于公众号的热情也慢慢消失。正在商家不断寻求突破之际，小程序的诞生让企业老板看到了更多希望。

图 1-19 拼多多小程序

（1）线上方便

公众号为一大波企业吸引了无数的粉丝，但是在变现上也比较困难。而小程序的出现很好地解决了这一难题，通过公众号的嵌套，用户只需扫描一下二维码就能进入支付界面，轻松购买。对企业来说，除了依靠淘宝、京东之外，又有了新的销售渠道。比如：拼多多小程序，如图 1-19 所示。

而且现在小程序正在不断完善，企业完全可以根据这一不稳定性，创造出更多有价值有意义的功能，以此来实现自主开发的创新营销模式。

（2）地推兴起

以往除了 APP 扫描之外，用户用到扫一扫最多也就是付款的时候。但是小程序出现之后，引起了新的地推风暴。商家不仅可以给每个销售团队一个二维码，甚至可以给每位销售员一个二维码。这样商家能够很清楚地获取到流量和转化是通过哪个团队或者销售而来。而且用户既不用下载，也不用担心恶意捆绑。这样一方面让企业的产品得到了线上推广，也为商家的线下推广打下了基础。

（3）鼓励社交

小程序并不是单独存在的，它是依附微信而存在的。微信作为社交软件的巨头，足以证明社交的重要性。以往企业更多的是以营销为主，只是单方面地希望能够通过营销来获利，而忽视了与用户之间的交流。所以企业如果能合理地借助社交功能，将产品推广出去，自然可以获得更多的线上流量。

企业获利的方式还是非常多的，只要运营能够有效地将产品推广出去，让更多的用户使用并且产生消费，那么企业就能从中获取丰厚的利润。

1.4　趁早下手，小程序运营早做早获利

互联网在不断地发展和前进，曾经依靠传统网站流量就能赚钱的时代已经彻底成为过去。无数企业和个人将重心放在了小程序上，而作为运营人或者想要学习运营的你，

更应该顺应时代的步伐，提前做好准备。

那么作为运营人员，为什么要提前做好准备呢？本节为大家分析了小程序未来的 5 大发展趋势，让大家能够更加清楚这其中的利益关系，如图 1-20 所示。

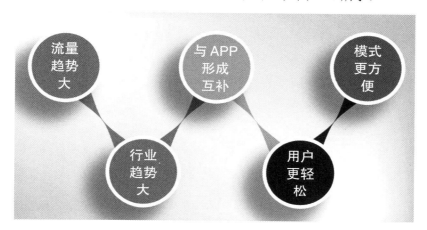

图 1-20 小程序未来的 5 大趋势

1.4.1 流量趋势大

流量对于运营来说，是永远必争的资源。笔者从 PC 端的营销开始做起，见证了 PC 端流量带来的巨大变革。但自从 2014 年之后，随着移动互联网的兴起和 APP 的广泛普及，越来越多的用户开始不再使用电脑，而是改用手机以及平板等移动工具。PC 端的流量瞬间下降，移动端流量爆棚，商家所做的广告投放也从 PC 端转移到了移动端。

而现在小程序的出现，将再次改变移动端的命运。用户不再频繁使用各种 APP，这也就意味着 APP 的流量将会骤减，而小程序的流量将会迅速增大。

其实微信早已经出现了各种抢占流量的操作，比如，在微信我的钱包里可以直接购买火车票、信用卡还款、手机充值等各种服务。自从小程序诞生之后，摩拜和蘑菇街更是早早地创建了属于自己的小程序。微信的流量本身就十分巨大，用户使用微信支付等功能，也是在无形之中提升微信的交易量和商品成交率。这种多方共赢的操作，给任何适用于小程序的企业，都带来了不少流量，并且产生利润。

1.4.2 行业趋势大

从出现时带来的轰动，再到后期的平静公测，小程序无疑受到了各个行业的关注。凡是能够通过互联网达成交易和推广的企业，都纷纷对其进行开发和运营。

作为一款全新的产品，小程序逐渐被人们所接受。各行各业对其都十分看好，只要能够把控得当，它的出现将会带领各个行业走向另外一个巅峰。

1.4.3 与APP形成互补

曾经有人说小程序将会取代APP，笔者看来并不绝对，但是能够抢走APP大部分的流量是必然的。任何一款产品一旦成型，可能会被许多同类型全新产品所挤兑，但绝对不会被取代。APP一路走来，也积累了大量的用户，深得人心。而且小程序主打的是轻应用，APP主打的是全能型应用，作为独立的产品，APP的功能更加完善。

小程序随用随走的特性，也弥补了APP的缺点。所以整体来说，小程序与APP会形成互补的一个状态。对于那些觉得没有必要做APP的企业来说，小程序的出现不仅节省了企业的成本开销，更直接与用户形成了方便快捷的成交转化。

1.4.4 用户更轻松

如果有需要的话，用户针对同款产品最多只会下载1~2个相同类型的APP。一方面原因是手机内存确实不够，另一方面是因为哪怕下载了多个APP也不会经常使用，而且切换起来也十分麻烦。以笔者自己来说，有些时候哪怕是非常想使用某款APP的功能，但是可能会因为需要下载和安装而感到麻烦，最终也会选择直接放弃。

而且用户多数只会下载一些大型企业的APP，对于小公司的产品，用户别说下载了，知道都十分困难。主要原因是小公司与大型企业相比，一方面，承受不了过高的APP开发成本，另一方面，也没有多余的推广预算，因此很难超越巨头。

但是小程序的出现却改变了这一现状，只要运营得当，借助微信的搜索功能，小公司的产品也可以很快被用户找到，用户不需要下载APP就能使用。

1.4.5 模式更方便

现在许多公司使用的是线上付款线下服务的模式，以外卖行业为例，用户需要通过某款APP选择自己想点的外卖，然后借助第三方接口选择支付。但是有了小程序之后，用户可以省去打开APP的时间，只需轻松扫一扫就能实现。

利用小程序线下的门店也可以快速将线下的流量转化到线上。以电商行业为例，可以进行线下扫码购物，线上快递送货的服务。而且企业还可以对线上用户的消费习惯进行有效的收集和分类，从而更加清楚地了解自己的用户，实现真正的线上线下的闭环营销模式。

第 2 章

踏上实操的旅途：拥有属于自己的小程序账号

　　根据腾讯的不完全统计，现在公众号数量已经超过了几千万个，这一数据意味着，凡是从事互联网工作的人，都有可能拥有一个属于自己的公众号。而在 2017 年 3 月之后，小程序也正式向个人用户开放申请。也就是说，个人也能拥有一个属于自己的小程序了。那么作为个人又该怎么拥有它呢？

2.1 小程序的注册方法和注意事项

就目前来说小程序的注册可以分为两类，第一类为组织型注册，第二类为个人开发者注册。本节将重点为读者介绍个人开发者注册的完整过程。

2.1.1 个人开发者注册过程

①进入微信公众平台首页，点击右上角"立即注册"按钮，如图 2-1 所示。

图 2-1 微信公众平台首页

方法：可以通过百度搜索引擎进入微信公众平台首页，点击第一个列表。

②选择对应的注册类型，点击小程序这一板块，如图 2-2 所示。

图 2-2 选择对应的板块

③填入对应的注册邮箱、密码以及验证码之后，点击注册，如图 2-3 所示。

每个邮箱仅能申请一个小程序

邮箱

作为登录账号，请填写未被微信公众平台注册，未被微信开发平台注册，未被个人微信号
绑定的邮箱

密码

字母、数字或英文符号，最短8位，区分大小写

确认密码

请再次输入密码

验证码　　DRBD　　　　　　　　　　　　DRBD 换一张

☑ 你已阅读并同意《微信公众平台服务协议》及《微信小程序平台服务条款》

注册

图 2-3 填写对应信息

注意事项：由于微信官方规定，每个邮箱只能注册一个公众号或者小程序，所以在这里注册的时候一定要使用一个全新的邮箱。

④登录刚才注册小程序用的邮箱，打开微信发送的邮件并点击激活，如图 2-4 所示。

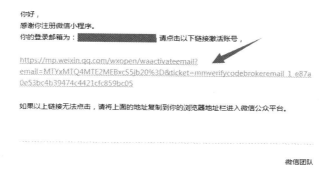

微信公众平台·小程序

你好，
感谢你注册微信小程序。
你的登录邮箱为：　　　　　　　　　　请点击以下链接激活账号，

https://mp.weixin.qq.com/wxopen/waactivateemail?
email=MTYxMTQ4MTE2MEBxcS5jb20%3D&ticket=mmverifycodebrokeremail_1_e87a
0e53bc4b39474c4421cfc859bc05

如果以上链接无法点击，请将上面的地址复制到你的浏览器地址栏进入微信公众平台。

微信团队

图 2-4 邮箱激活

⑤点击激活按钮之后，进入信息登记界面，如图 2-5 所示，这里选择个人。

图 2-5 信息登记界面

⑥填写注册人的身份信息，包括身份证姓名、身份证号码、管理员手机号码，如图 2-6 所示，填写完毕并用管理员微信扫描之后，点击右下角的继续按钮。

图 2-6 填写注册人身份信息

⑦进入确认主体信息界面，如图 2-7 所示。

主体信息提交后不可修改

主体名称：████
主体类型：个人

该主体一经提交，将成为你使用微信公众平台各项服务与功能的唯一法律主体与缔约主体，在后续开通其他业务功能时不得变更或修改。腾讯将在法律允许的范围内向微信用户展示你的注册信息，你需对填写资料的真实性、合法性、准确性和有效性承担责任，否则腾讯有权拒绝或终止提供服务。

图 2-7 确认主体信息

⑧成功注册完成，如图 2-8 所示。

图 2-8 成功注册完成

通过以上 8 个步骤，大家就能轻松拥有一个属于自己的小程序账号了。

2.1.2 名称设置

虽然已经拥有了一个账号，但是这还不够，还需要对注册的信息进行完善。点击

图 2-8 右上角的填写按钮，进入名称设置如图 2-9 所示。

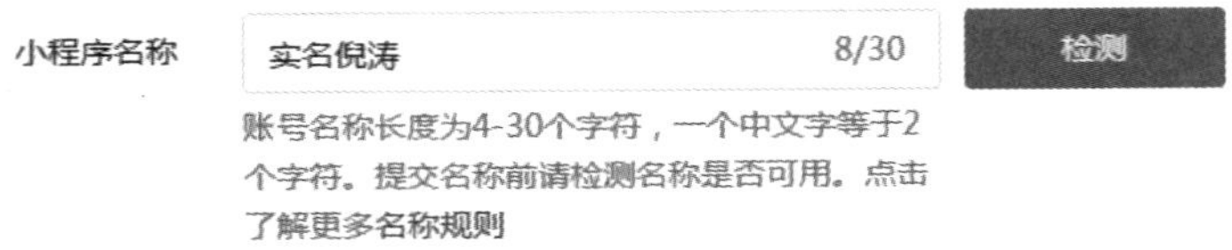

小程序名称
实名倪涛
8/30
检测
账号名称长度为4-30个字符，一个中文字等于2个字符。提交名称前请检测名称是否可用。点击了解更多名称规则

图 2-9 名称设置

在填写名称的时候，也需要格外注意，具体的注意事项如图 2-10 所示。

名称的修改方式
重名了怎么办
小程序名称注意事项
小程序如何取名
使用公众号名称

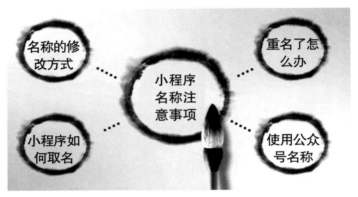

图 2-10 填写名称的注意事项

（1）名称的修改方式

小程序的名称一般由中文、数字以及英文组成，长度在 4 ～ 30 个字符之间，一个中文字等于 2 个字符。名称不可与公众号包括订阅号和服务号的名称重复，如果提示重复，则需要重新设置。名称在正式发布之前，有两次更改的机会。一旦发布成功，将不能进行名称的更改。

那么如果想要对名称进行更改，又该怎么做呢？具体操作方法如下。

①用小程序账号登录微信公众平台。

②点击设置下的基本信息。

③选择名称并点击修改。

④用管理员微信扫描登录，进入修改页面。

⑤填入自己想要修改的名称，提交审核，审核周期一般为 7 个工作日。

（2）小程序如何取名

①在进行取名的时候，一定更要注意，名称与简介需要密切相关，不能出现任何为了营销而设置的无关的名称。

②不能以电话、邮件、日历以及一些无法正常识别的词语作为名称。名称不能是

单独的词语，必须由两个以上的词组合在一起，比如：实名倪涛。

③因为名称对于各行各业来说都非常重要，所以具备一定的竞争力，而且这个竞争力度将会在微信搜索栏以排名先后的方式展现。因为名称也是有权重之分的，所以在设置的时候，一定要紧扣核心关键词，以此来提升名称的排名。

（3）重名了怎么办

因为名称具有独一性的特点，如果在填写名称的时候提示已经被注册时，只能选择更换其他名称。当然如果注册的名称是企业的商标（一定要有注册商标），却被其他对手抢先注册，那么可以通过微信公众平台的侵权投诉流程进行投诉，取回对其名称的使用权。

（4）使用公众号名称

有些公司在拥有了公众号之后，发现公众号的流量不如小程序的流量，于是想将名称修改，那么又该如何操作呢？

①找到公众号名称界面，点击认证，即可拥有一次更改名称的机会，将该名称进行修改。

②将修改掉的名称填入小程序的名称内，之后正常注册即可。

注意：如果是自己的品牌名称则可以使用以上方法，但如果是广泛应用的行业，哪怕取消了公众号的名称，也不一定能正常使用。所以一定要合理地进行区分，以免浪费不必要的时间。

2.1.3 头像设置

无论是对于企业还是个人而言，头像是品牌的象征，选择合适的头像能够让用户快速记住。点击图 2-8 右上角的填写按钮，进入头像设置，如图 2-11 所示。

小程序头像　新头像不允许涉及政治敏感与色情；
图片格式必须为：png,bmp,jpeg,jpg,gif；不可大于2M；建议使用png格式图片，以保持最佳效果；建议图片尺寸为144px*144px

选择图片

头像预览

图 2-11 头像设置

（1）违禁头像

头像虽然不如文字影响力大，但是对于法治社会来说，头像不能涉及政治敏感与色情。

（2）头像格式

头像是一张图，所以支持常见的图片格式，比如：JPG、PNG、GIF、BMP 等。

（3）头像大小

一般来说，头像的大小也会影响到用户体验，所以设置上传头像的大小一般不能超过 2M。

（4）修改次数

头像修改次数为 5 次 / 月，也就是说如果设计了更加好看的头像，每个月有 5 次更改的机会。

2.1.4 介绍设置

小程序介绍主要是围绕名称作延伸，可以让用户更加清楚地知道，这款产品具体是做什么的。点击图 2-8 右上角的按钮，进入介绍设置，如图 2-12 所示。

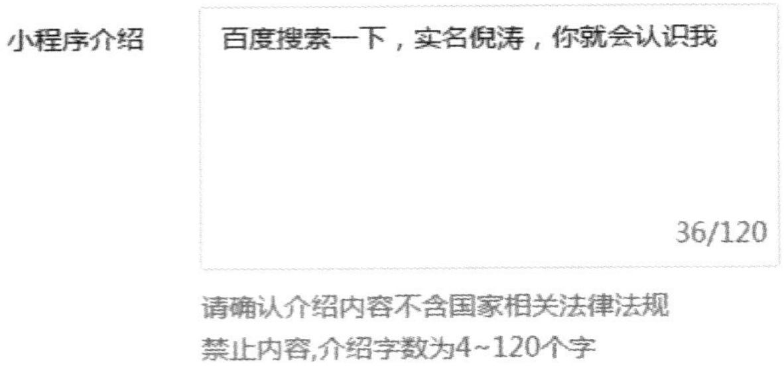

小程序介绍　　百度搜索一下，实名倪涛，你就会认识我

36/120

请确认介绍内容不含国家相关法律法规
禁止内容，介绍字数为4~120个字

图 2-12 介绍设置

（1）违禁介绍

不得出现与名称无关的恶意推广信息，且不能包含国家相关法律法规禁止内容。

（2）字数限制

4 ～ 120 个字即可，建议最好通过一段话就能完整地介绍具体方向和功能。

2.1.5 服务类目

服务类目主要是为了将所注册的小程序进行一个合理的划分，目前已经包含了绝大多数行业，所以不用担心自己注册的账号无法找到合适的分类。点击图 2-8 右上角的按钮，进入划分类目，如图 2-13 所示。

图 2-13 划分类目

（1）类目分类

目前包含 9 个服务类目，分别是出行与交通、生活服务、餐饮、旅游、商业服务、快递业与邮政、教育、工具、体育。大家可以根据自己所注册的分类进行选择。

（2）服务范围

一个账号的服务范围最多可以添加 5 个。具体方法是：点击图 2-13 右上角的加号按钮，进行服务范围的添加，想要清除多余的分类，可以点击右下角的减号按钮，进行清除。具体如图 2-14 所示。

图 2-14 服务类目的增加与删除

（3）注意事项

通常来说，普通类目的选择可以直接进入审核阶段，如果属于特殊类别，就需要单独上传相应的资料进行确认，比如：律师、医疗以及出版社等。

在设置了名称、头像、介绍和服务类目之后，点击提交按钮，则可以看到注册完成的界面，如图 2-15 所示。

图 2-15 注册完成

2.2 了解一些简单的开发流程

虽然不会开发写代码也可以运营小程序，但是作为一名合格的运营，多了解一些知识始终是没有坏处的。本节并不会对开发作重点介绍，所以不会特别讲解开发中的一些细节问题，但是会让大家熟悉如何进行简单的操作。

2.2.1 了解开发者工具

做网页有对应的代码编辑器，做 APP 也有对应的开发工具。为了让小程序独立化，微信团队也开发出了属于它的代码开发工具，即微信开发者工具。微信开发者工具集合了公众号网页调试和小程序调试两种模式，那么怎么才能获得微信开发者工具呢？

具体操作方法如下：

①登录操作界面，并点击箭头所示的按钮，如图 2-16 所示。

图 2-16 开发者工具

②点击左下角的下载按钮，并选择对应的操作系统，进行开发者工具的下载，如图 2-17 所示。

图 2-17 开发者工具下载

③下载完毕之后，进入工具的安装界面，如图 2-18 所示，之后按照步骤完成安装即可。

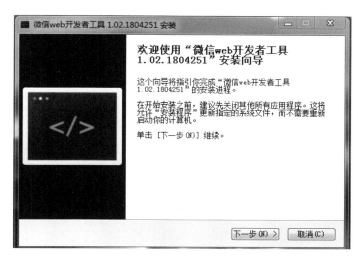

图 2-18 安装开发者工具

注意事项：目前该工具不支持 Linux 操作系统，所以请根据自己电脑的操作系统进行下载。如果不知道自己电脑的操作系统，可以按照如下步骤进行查看。

①找到桌面上的计算机，单击属性按钮，如图 2-19 所示。

图 2-19 查看电脑操作系统（1）

②进入属性，可以看到该电脑的操作系统为 Windows 64 位，如图 2-20 所示，所以大家下载 64 位的开发者工具即可。

图 2-20 查看电脑操作系统（2）

2.2.2 小程序开发实例分享

软件下载完成之后，接下来我们将实操一个简单的项目。

具体操作方法如下。

①启动开发者工具，由于是第一次使用，所以需要通过二维码扫描进行登录，如图 2-21 所示。

图 2-21 登录微信开发者工具 　　　　　图 2-22 选择小程序项目

②登录完毕之后，可以看到有小程序项目和公众号网页项目两种。选择小程序项目，如图 2-22 所示。

③选择完毕之后，进入项目创建，如图 2-23 所示。可以看到需要填写的信息有三部分：项目目录、AppID 以及项目名称。

图 2-23 项目创建

项目目录：有两个功能，第一个是导入功能，将已经下载好的源码进行导入即可；第二个是创建功能，将要创建的项目保存在某个文件下。由于本书的重点并不在开发，所以这里选择一套以前做好的源码进行导入。

小技巧：现在互联网上有许许多多已经做好了的源码，大家可以直接下载并且使用，或者付费购买一些优质且功能强大的源码也是可以的，并不需要自己会开发才能拥有。

AppID：从图 2-23 可以看到，框里显示"无小程序 AppID 部分功能受限"，如果想要使用更多的功能，就必须填入这个 AppID。那么这个 ID 在哪呢？

首先回到发布首页，点击左下角的设置按钮，如图 2-24 所示。进入设置界面，并选择开发设置，这样就可以看到 AppID 了，将这个 ID 填入刚才的方框中即可。

图 2-24 找到 AppID

④填写完毕之后，点击确定，则可以进入正常的开发模式，进行代码的编写和开发。由于刚才是直接使用的一套已经做好的源码（医疗类），所以跳过了从零开始的代码编写，如图 2-25 所示。

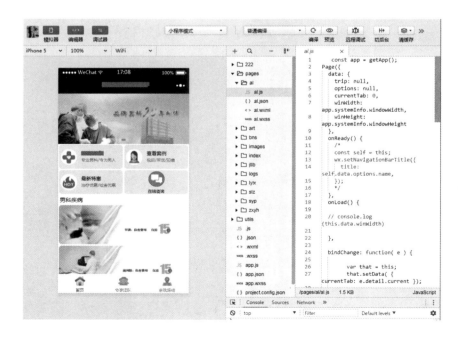

图 2-25 医疗源码

通过以上 4 个步骤，就可以搭建一个属于自己的小程序了。

2.3 小程序的发布与审核

创建好之后，用户还不能通过搜索找到我们创建的应用，还需要将其发布，并且通过微信官方的审核才能被正常访问。

2.3.1 小程序的发布流程

小程序发布的具体操作方法如下。

①首先打开之前做好或者导入的源码，如图 2-26 所示，点击右上角的上传按钮，并填入对应的版本号以及项目备注，选择上传。

图 2-26 小程序的发布

②进入开发者管理界面，点击开发管理，如图 2-27 所示。可以看到刚才上传的版本，之后点击提交审核按钮。

图 2-27 提交审核

2.3.2 小程序的审核流程

小程序审核的具体操作方法如下。

①提交之后，进入功能页面信息的填写，如图2-28所示，分别填入功能页面、标题、标签以及选择对应的服务类目，之后点击提交审核。

配置功能页面 至少填写一组，填写正确的信息有利于用户快速搜索出你的小程序

功能页面1

功能页面	pages/index/index
标题	实名倪涛　　　　　　　　　　　　　4/32
所在服务类目	生活服务　　丽人　　美容
	功能页面和服务类目必须一一对应，且功能页面提供的内容必须符合该类目范围
标签	实名倪涛
	标签用回车分开，填写与页面功能相关的标签，更容易被搜索

⊕ 添加功能页面

提交审核

图2-28 功能页面填写

②提交审核之后，则会出现审核页面，如图2-29所示。此时页面显示审核中，只需要等待官方团队审核通过就可以了。

审核版本

版本号	开发者	断腿奔跑的猪
smnt	提交审核时间	2018-05-03 17:26:00
审核中	描述	实名倪涛上传小程序

详情

图2-29 审核页面

通过本章的详细介绍，相信大家对如何注册和快速拥有小程序都已经有了自己的实操经验。那么到这里，注册的完整流程就结束了。

第 3 章

细节决定成败：
搭建小程序的思路、方法与技巧

虽然在第 2 章中大家已经掌握了如何快速拥有一个属于自己的小程序，但它是这么简单就能拥有的吗？那种下载的源码不一定是适合企业的。要想真正做好一款应用，必须从细节上入手，才能真正打动用户的内心。

3.1 小程序的分类

小程序从起步到发展至今，可以分为三类：门店类、开发类和微信小店类。本节将为大家详细讲解具体的开通及使用方法。小程序的分类如图 3-1 所示。

图 3-1 小程序的分类

3.1.1 门店类

门店类的主要功能在于能够让用户通过搜索查找到商家的门店。那么该如何为自己的企业在公众号里创建一个门店呢？具体步骤如下：

①登录公众号，选择左侧导航栏里的添加功能插件按钮，在功能插件中找到门店小程序，点击添加，如图 3-2 所示。添加完毕之后可以在左侧的导航栏中看到门店小程序的字样。

图 3-2 添加门店

②点击门店小程序，进入门店信息，如图 3-3 所示。由于之前笔者已经添加过了，所以出现了下面的列表，如果没有添加则会显示空白，最多可以添加 10 个门店，之后点击添加按钮。

图 3-3 门店信息

③填写门店的相关信息，如图 3-4 所示。输入地理位置之后，则可以快速导入该门店信息，节省填写的时间。

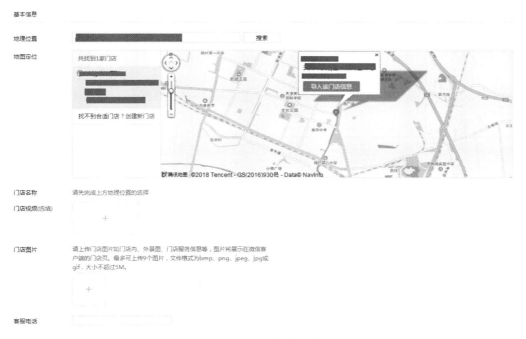

图 3-4 导入门店信息

④继续完善需要填入的相关信息，点击提交按钮会进入审核阶段，如图 3-5 所示。审核完毕之后就创建完成。

客服电话		
	固定电话需加区号；区号、分机号均用 "-" 连接	
营业时间	：　　　　-　　　　：	
	24小时制，如10：00-20：30	

资质信息

经营资质主体	● 公众号账号主体	
	○ 相关主体　（若地点的经营资质名称与账号主体名称不一致，请选择相关主体。）	
经营资质证件号		
	请填写15位营业执照注册号或9位组织机构代码（如12345678-9）或18位或20位统一社会信用代码	

功能服务

□ 卡券功能	提供营销工具，可以在门店发放会员卡和优惠券，拉新促转化或招募会员。示例	
□ 买单功能	尚未开通微信买单，需绑定商户号并完成开通	

提交　　取消

图 3-5 提交审核

注意事项：门店是完全免费的，但前提是以企业公众号为标准，个人公众号暂不支持开通门店功能。

展现形式：通过微信→小程序→附近的小程序（或者搜索展现）。

展现效果：门店展现效果如图 3-6 所示。

展现内容：门店名称、LOGO、商家地址、营业时间、电话以及门店照片。

具体作用：可以让用户快速找到商家的门店，并联系商家。

门店也可以通过公众号介绍、自定义菜单插入图文中进行宣传。当然也可以在门店详情的页面获取门店二维码，进行朋友圈、微信群线上宣传以及线下张贴宣传，以此来提升商家的曝光度。

图 3-6 门店展现效果

3.1.2 开发类

开发类的详细信息，本书已经在第 2 章做了介绍，这里主要为读者讲解一些该类别下的注意事项，具体如下。

（1）时间太长

从注册开始到搭建成功，如果没有一定的实操经验，将需要花费大量时间。

（2）过程烦琐

相比以往快速注册的流程来说，注册过程非常烦琐，对于一些没有耐心的人来说，很容易放弃。

（3）功能单一

虽说现在互联网上已经出现了大量的源码，但是这些只能适用于一些简单的企业类。如果想要实现更多的功能，建议最好还是请专人或外包给第三方公司进行单独开发。

3.1.3 微信小店类

微信小店听上去和门店都有一个"店"字，但作用却是不一样的。门店主要是让用户可以通过搜索找到商家的店铺，只有一个简单的展现功能。而微信小店是可以产生交易，获取利润的。那么微信小店又该怎么开通呢？

具体操作方法如下。

①必须有一个认证的公众号，并且开通微信支付，用于后续的收款。

②点击公众号左侧的添加功能插件，并在插件库中找到微信小店，如图 3-7 所示。

图 3-7 找到微信小店

③点击微信小店，如图 3-8 所示，选择右上角的开通。

注意事项：图中方框特别提醒，必须开通微信支付。

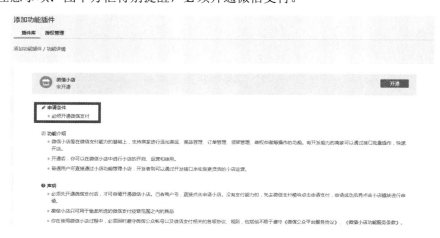

图 3-8 微信小店开通

④选择开通之后进入编辑小店信息页面，如图 3-9 所示，填写完毕之后点击确认并进入下一步审核阶段。

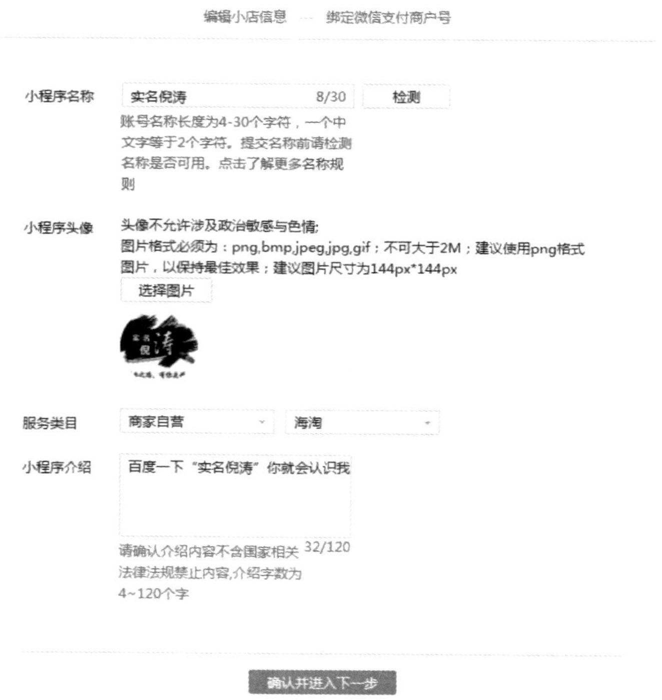

图 3-9 编辑小店信息

⑤审核完成之后，则可以上架一些商品。商品成功上架之后，可以向微信好友进行推送，如果用户有兴趣就会直接购买店铺中的产品。

具体好处：微信小店通常在电商行业使用较多，而且不用开发和借助第三方接口，直接就能在公众号后台开通。

3.2 小程序官方文档解读

正所谓"无规矩不成方圆"，每个行业都有自己特定的规矩，除了自主开发的功能之外，凡是需要借助其他产品进行获利的，都要遵守他们的规矩。小程序自然也不例外，在做运营的时候，一定不能太过随意，更不能想当然。

小程序最大的特点在于使用起来非常轻松便捷，它的出现伴随着更加远大的目标，那就是希望能在微信这个巨大的生态环境下，实现更好的用户体验，搭建一个友好、高效且用户一致的闭环圈子。而且为了实现用户与商家都能双赢的局面，将最大限度地支持和适应不同的用户需求。

在这种前提下，大家有必要了解一下微信官方的一些建议，有助于在以后的运营过程中，更好地掌握这款产品的动向。

3.2.1 减少无关的展现，用户查找更准确

从 PC 端到手机 APP，虽然很多产品的出现在不断改善着用户的生活，但是无论在哪个状态下，都充斥着让用户极其反感的事物——广告。而且有些商家希望尽可能地展现更多优势，在自己的推广页面添加了无数没有任何意义的物料（一些图片和文字）。这些物料的出现，都会使用户访问时的体验感大大降低。

而小程序的出现，第一点解决的问题就是，杜绝任何无关因素，这些无关的因素包括：广告横幅、频繁跳出提示按钮、多余的产品包装等，如图 3-10 所示。

图 3-10 杜绝任何无关因素

（1）突出重点

小程序讲究轻快，每个页面必须要保证用户一眼就能找到想要的东西。千万不要在某个重要的页面，频繁地加入一些不必要的广告内容。

案例 3-1

错误案例（一）如图 3-11 所示，大家可以看到，这是一个用于搜索的页面，但是该页面上却出现了许多没有任何意义，并且混淆用户方向的广告。

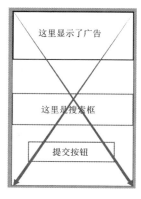

图 3-11 错误案例（一）

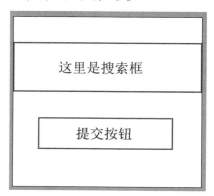

图 3-12 正确案例（一）

正确案例（一）如图 3-12 所示，只需要展现一个搜索框即可。

（2）流程简单

有的企业为了给用户增加多重选择的可能性，在一个界面提供了多个选择。其实如果不是做测试类的功能，这样的操作是完全没有必要的。

案例 3-2

错误案例（二）如图 3-13 所示，只是一个简单的操作步骤，却同时出现了三个选项，让用户感觉很迷惑。

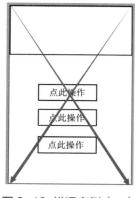

图 3-13 错误案例（二）

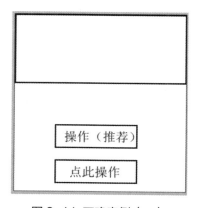

图 3-14 正确案例（二）

首先要尽量减少用户的操作，用户频繁点击下一步都会觉得麻烦，更何况还要做出选择。但是如果一定要出现这种多选的时候，应该尽量控制在两条以内，并且给出推荐选项，让用户一目了然，正确案例（二）如图 3-14 所示。

（3）减少弹窗

对于用户来说，弹窗是最让人厌烦的一个物料，笔者在做运营的这些年也一直在考虑怎么解决这个问题。但是对于企业来说，弹窗是最能吸引用户的一个举动。尤其是咨询客服人员，当看到一个用户访问的时候，肯定希望与之对话并且达成交易，所以为了提高转化，不得不使用弹窗。

但如果是推广产品的话，建议商家不要使用该功能。不妨试想一下，自己作为用户，正在全身心浏览某款产品或者阅读某个知识点的时候，突然蹦出一个弹窗，打断了自己的思路，自己是不是也会觉得非常反感呢？

所以以轻快方便为主的应用，应该尽量减少弹窗，保证用户的良好体验。用户想要购买自然会下单，用户心中有疑问，自然会产生咨询的念头。

3.2.2 合理搭配背景与字体，用户眼球更舒适

只要商家的产品有用户访问，那就意味着对方是意向用户。作为运营人则非常有必要让用户明白自己现在所处页面的位置，从而保证用户在使用产品的时候，能够非常畅快地浏览，保持愉快的使用体验。那么该从哪几个方面着手，保证用户拥有绝佳的体验呢？具体如图 3-15 所示。

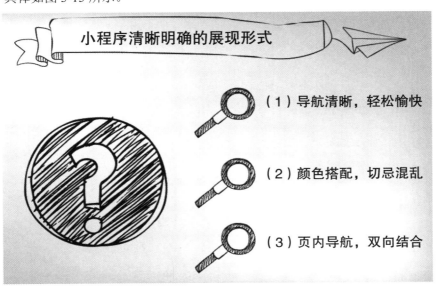

图 3-15 清晰明确的展现形式

（1）导航清晰，轻松愉快

导航是最重要的一个板块，是告诉用户，我在哪里，我该怎么返回上一层，我该怎么进入下一层。关于这个操作，微信官方已经完美解决，所以运营人不必担心。只不过由于手机也分为 IOS 系统和 Android 系统，因此有一些细小区别。

IOS 导航栏如图 3-16 所示，Android 导航栏如图 3-17 所示。

图 3-16 IOS 导航栏

图 3-17 Android 导航栏

这两种系统的操作功能都是一样的，只不过展现形式不同而已。

（2）颜色搭配，切忌混乱

颜色是直接影响用户体验的，在设置导航的时候，颜色应搭配得当，保证用户舒适，同时文字不能与背景色相似，一定要突出文字的内容。

推荐使用标题清晰明确如图 3-18 所示的形式，而不推荐使用标题模糊不清如同图 3-19 的形式。大家可能觉得这没什么好注意的，但往往正是这些细节决定了运营产品结果的差距。

图 3-18 标题清晰明确

图 3-19 标题模糊不清

（3）页内导航，双向结合

小程序的内部也有导航，只不过导航更多的是结合了上面介绍的两点作为标准。第一是让用户清楚自己身在何处，要去往何处；第二是让用户能够清楚地进行选择，不会被背景颜色所困扰。所以在这里推荐使用正确样式如图 3-20 所示，而不推荐使用错误样式如图 3-21 所示。

图 3-20 正确样式

图 3-21 错误样式

3.2.3 减少不必要的操作，用户使用更顺畅

手机不仅有操作系统之分，还有尺寸大小之别。所以在做开发的时候应该针对主流的手机类型进行开发，从而保证主流类型的手机用户拥有良好的体验。

（1）"懒人"社会，减少操作

由于手机的操作界面比较狭小，输入的时候很容易导致错误的发生。所以在设计的时候，一定要注意减少这些不必要的操作，能够使用下一步以及默认功能完成的时候，就不要让用户输入。

案例 3-3

以前用户在微信添加银行卡绑定的时候，一般需要输入卡号，但是很多用户可能不会记住多张银行卡的卡号。所以微信为了方便用户，推出了拍照自动识别的功能，用户只需要点击箭头中的拍照按钮，就能轻松上传照片，如图 3-22 所示。

而且在推出功能的时候，一定要多使用操作键，而不要使用填写键。比如：以前在寄快递的时候需要输入寄件人地址，现在有了地图定位功能，直接点击地图定位，就能快速获取准确的地址，非常方便。

（2）触发事件，方便点击

触发事件是程序开发的专业术语，指的是用户在点击某个按钮的时候，通过这个按钮是否能够前往用户想去的界面。在开发过程中，如果代码写的不够严谨，哪怕一个很直观的点击按钮，如果没有触发事件，那用户无论点击多少次，都是没用的。

案例 3-4

查询类案例如图 3-23 所示，这是一款查询类的应用。通常来说，用户在输入框内输入想要查询的汉字，并且点击右上角的小放大镜，进入下一个页面，就能查看到自己想要的信息。那么为什么点击这个小放大镜就能看到想要的信息呢？这就是上文中提到的触发事件。因为开发人员通过代码执行了用户的操作，从而能够反馈给用户想要的查询信息。

但是如果开发人员并没有放置这个小放大镜，就会给用户造成困扰，用户将不知道该怎么查询；如果开发人员只是放置了这样一个小放大镜图标，却没有编辑代码语句，对用户也会造成困扰，从而导致不好的用户体验。

所以在开发功能的时候，一定要注意保证代码的严谨性，使功能正常运行。

微信官方除了列举出以上的几点要求之外，还有其他方面的视觉体验要求，比如：字体大小、颜色、列表、表单输入、按钮以及图标等。由于本书篇幅有限，就不再一一详细介绍。

图 3-22 可直接上传照片

图 3-23 查询类案例

3.3 界面美化的功能设计原则和思路

一套完整的应用除了其他独立岗位之外，真正涉及能不能顺利完成的也就只有两个岗位。一个是开发，另外一个则是 UI 设计师了。开发负责对用户功能上的体验进行搭建，UI 设计师负责对用户视觉上的体验进行创造。

用户所看到界面的布局、图片的处理、色彩的协调程度，这些工作都是由 UI 设计师来完成的。一般来说用户不会因为产品无法执行某项功能而选择放弃使用，但是会因为产品的美观程度而放弃使用。所以从用户体验的角度来说，UI 设计师的影响要远大于开发者的能力。

3.3.1 简单通透的视觉体验

曾经轻博客的出现席卷了整个互联网，相比以往错综复杂的板块设计，其清爽的界面更容易获得用户青睐。这样的视觉体验一直延续至今，所以作为 UI 设计师应当首先让用户在视觉上感觉清爽，简单通透的视觉体现方法如图 3-24 所示。

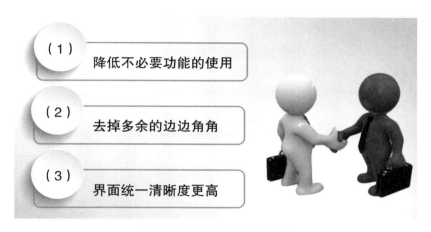

图 3-24 简单通透的视觉体验

（1）降低不必要功能的使用

在产品初次呈现在用户面前的时候，可能有些功能并不完善，但又必须要存在，此时可以选择将这些不完善的功能放在一些不显眼的地方。

举例来说，现在有些用户都会惯性地使用查找框，初次上线产品内容并不充实的时候，可以将查找框放在一个并不显眼的地方。如果用户真的需要也可以及时看到，而且不会对用户浏览其他信息造成影响。

（2）去掉多余的边边角角

在前几年做设计的时候会讲究格子法则，即将整个界面想象成一个巨大的方格，这个大方格中又会存在许多小方格，而且每个方格都会用线条隔开。但是这种方法已经过时了，过多的边框线只会让用户觉得过于繁琐，清新的排列方式更能吸引用户。

（3）界面统一清晰度更高

人类的眼球很容易适应一种色彩，如果一个界面出现多个不同的色调，则会让人感觉视觉疲劳。所以 UI 设计师在做交互性设计的时候，一定要使各个环节的色彩保持高度统一。从而让用户在使用过程中，更加清晰明确。

3.3.2 轻松便捷的用户体验

要想用户拥有绝佳的使用体验，细节上的处理就必不可少。作为 UI 设计师应该尽量减少用户的困惑，比如选择评论的内容，删除、置顶以及添加到收藏是否更加方便。

（1）活用标签

为了能够更好地了解用户在使用产品过程中的问题反馈，商家都会使用一些反馈栏。普通的商家只会加入一个方框，让用户自行填写。但是聪明的商家则会优先布置好一些标签，让用户可以轻松选择。

（2）操作方便

在某些界面可能会比较长的情况下，最好设置一个固定的按钮，一直保持在界面的某个位置，让用户能够快速地使用该功能。比如点击某个按钮，可以快速回到顶端，这样一来，用户就省去了再次往上翻动的麻烦。

3.3.3 不断改进的用户需求

任何一款产品都是不断改进和完善的，永远不要认为这一次做出来的设计就是最好的，要有下一次要更好的态度。都说设计师设计的产品是有灵魂的，一个高端的设计师设计出来的产品不仅能够让用户满意，还可以给予用户更多的惊喜和满足感。

用户绝对不是给什么就用什么，他们只是不想表达，这并不代表他们不想要。如果想让更多的用户使用我们的产品，就必须优先考虑用户没有提出来的需求，并创造出来。

第4章

创造利润的源头：用户运营

　　企业做小程序的目的是为了什么？宣传自己的产品，得到更多的曝光度，使用的用户更多只是附带的目的，最终的目的还是通过这款产品来获利。而获利的来源就是用户，那么又该如何管理和运营这些用户呢？

　　据腾讯官方数据显示，截至 2018 年 1 月 15 日，市面上已经上线的小程序超过 58 万个，使用的用户达到了 1.7 亿人次。后台开发工具使用达到 100 万人次，第三方接入代理平台已经超过 2300 家。上线仅一年就创下如此惊人的数据，小程序交上了一份令人满意的答卷。

　　自 2017 年诞生至今，小程序的势头锐不可当。用户使用的频率越来越高，商家入驻也越来越多。小程序之所以能如此火爆，是因为相比以往用户频繁切换 APP 而言，它更加懂得用户的需求。

4.1 了解用户需求的五种方法

曾经网络上流传着这样一句话，"一切不以结婚为目的的谈恋爱，都是耍流氓"。现在我将这句话改编一下，"一切不以用户为中心的运营，都是浪费时间"。如果作为运营都不了解用户需要什么，那开发出来的产品再完美，也是没有任何意义的。

那么该如何真正地了解用户的需求呢？具体方法如图4-1所示。

图4-1 了解用户需求的五种方法

4.1.1 换位思考法

想要了解用户，最好的办法就是换位思考，就是将自己想象成用户，去体验产品的各项功能，从而进行用户行为的思考，以此来了解用户真正的需求。笔者曾认识一款产品的创始人，他为了了解自己用户的需求，花了大量的时间扎堆在用户群体中，通过关注这些用户的生活习惯，来弄清楚自己的产品到底有没有市场。有了前期对用户需求的了解，他的产品虽然没有得到大佬的投资，但依旧很有市场。

再以笔者举例，在小程序刚出现之时，笔者也并不了解它该怎么运营。于是闲暇之余，笔者会经常关注这款产品的动态，从最开始的注册流程，到之后的搭建，再到最后的实操运营。

笔者将自己想象成用户，一步步地跟随产品的发展而前进。有了这样一个实操的过程，笔者对其中的运营有了更深层次的了解，并且在运营的过程中，能够快速解决用户反馈的问题。

具体方法如下：

（1）换位思考

在使用产品的时候，不要抱着任何与职位相关的想法去使用。不要认为自己的产品就是好的，没有任何缺点。

（2）问题查找

在使用产品的时候，一定会遇到不同的问题。比如在使用的过程中，任何操作的时间等待不能超过三秒。如果频繁出现等待时间超过三秒的情况，就说明还有待优化。

（3）问题解决

找到需要优化的地方，找出产生影响的原因，并进行解决。

案例 4-1

有一家做电商产品的公司，开发了一款产品，其宣传口号是："比淘宝更低价"，但在推广上却开展的并不顺利，虽然用户使用的非常多，流量也很大，但是购买的却极少。

后来该公司的运营人找到我，并让我使用。当我在使用之后，告诉对方："如果是我的话，我也不会在你们这个平台上消费"。该运营人很好奇地问道："为什么呢？我这个价格已经够低了"。我说："价格确实是够低了，但是我在想要购买的时候，作为用户会想另外一个问题。"他更加不解地问："无论是功能的开发、页面设计，还是产品都做得很好了，还会有什么问题呢？"我叹了口气说："你们就不考虑用户吗？用户在想购买东西的时候，看到价格这么低，他们会不会觉得，你这个货物是假的呢？"用户有了担心之后，面对选择，往往会直接不选，如图 4-2 所示。

图 4-2 用户有了担心的心理

听我说完，该运营人恍然大悟。他将自己低价的文案撤掉并提高了货物的价格，宣传的口号也变成了"品质保证，价格更优"。然后对各个货物进行了商标的宣传，并提供了发源地的包装，以保证货物的真实性。果然没过多久，销量就大大提高了。

案例分析：

这就是典型的换位思考的案例。许多公司在做产品的时候，总是认为自己的产品就是最好的，却不去思考用户真正需要的是什么。而作为运营人员则应该根据用户的需要来宣传，比如有些地方富人较少，穷人较多，用户更加关心的是能不能买得起，则可以用低价来吸引更多的用户。但是有些地方的富人较多，穷人较少，他们关心的不是自己买不买得起，更加关心的是买来的东西质量怎么样，会不会买到假货。

4.1.2 数据分析法

数据分析一般可以从两个方面着手，第一是对产品自身定位的数据进行分析，以此来了解用户的喜好，从而确定功能是否有待完善，界面美观度是否需要优化。第二是通过投放平台问卷调查，了解用户在使用过产品之后，会有怎样的评分以及改进的建议。

对自身定位的数据分析，主要是结合产品的特点而定。举例来说，游戏类比如跳一跳，可以根据使用时长来判断；电商类比如拼多多，可以根据交易量来判断；出行类比如摩拜单车，可以根据使用频率来判断。每个行业都有每个行业的特点，需要根据不同的特点进行数据分析。

由于单独的对自身定位的数据分析并不完善，所以还可以准备一些产品的问题进行线上或线下的问卷调查。当然问卷调查的数据需要足够庞大，而且覆盖面也必须广泛，不具备一定实力的公司，在这里并不推荐使用这种方法。

具体操作方法如下。

①对自身应用的定位，企业在做产品的时候，一定要非常清楚自己的目标用户是谁。比如做游戏的更倾向于年轻人，做母婴用品的更倾向于宝爸宝妈，做保健品的更倾向于中老年人以及成年子女。这些数据在最开始就可以通过以往的经验收集到，并且针对不同的方向进行研发。

②当产品上线之后，可以增加一些用户反馈的功能，如果大多数用户反馈的问题都基本一致，那么可以优先解决这个问题。

③准备一些相关的问卷调查资料，投放在百度众测、问卷星、问卷网、腾讯问卷等平台。将投放之后用户填写的反馈数据进行收集，并做出相应的调整。

案例 4-2

之前笔者去过一个朋友的公司，他们公司的项目运转在前期还算顺畅，无论是宣传上，还是用户的基数上都远超同行，但是公司的销售额与业绩却十分不理想。该行业所达成的成交比例一般应该维持在 60% 以上，但是他们的成交比例却只能保持在 40% ~ 50% 之间，远低于同行。

后来我看了这款产品之后，也没有发现任何问题。于是我问他们你们有没有收集一些用户的数据，看看数据是怎么说的。他很无奈地回答："那东西有啥用？"我说："用处可大了，你不妨听我的，新增一个用户反馈的功能，看看用户会留下什么问题。同时可以在该产品的使用用户中，对某些用户进行问卷调查"。

随后他听取了我的意见，在网上做了问卷并分享给用户，进行了相应的调查。问卷发布成功如图 4-3 所示。结果用户反馈回来的信息惊人的一致，即页面的使用操作都没有任何问题，唯独在付款那一项上，点击付款的按钮太小，如果不是特别注意根本无法正常点击。该公司通过反馈回来的数据，发现了这一问题，并且将按钮的触发点增大。果然没过多久，成交率持续上升。

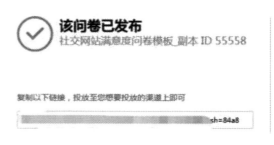

图 4-3 问卷调查发布成功

案例分析：

该公司一开始并不注重用户的反馈数据，认为数据都是虚构的，没用的。但是在后续投入了一些反馈功能，通过对用户反馈的数据进行分析，并对产品进行改进之后，提升了业绩。

所以永远不要认为数据是没用的，当运营觉得一切运作都没有问题，却得不到想要的结果的时候，数据往往能够让运营人非常清楚地知道问题出在了哪里。从数据中找到问题，解决问题是数据分析最核心的存在。

4.1.3 阿拉丁指数法

阿拉丁指数主要借鉴了百度指数的定义。指数越高，说明使用频率就越高，目前最高指数依然被跳一跳所占据，指数高达 10000 点。现在阿拉丁指数除了有一个总体的排行榜之外，还分别提供了其他行业的排名，包括游戏类、社交类、网络购物类、工具类、内容资讯类以及生活服务类六种。

使用阿拉丁指数法可以快速帮助运营人员了解用户的使用情况。但是用到阿拉丁指数的公司却非常少，这与运营人员接触的知识面有关。该怎么查看自己的指数呢？具体步骤如下。

①打开百度，在百度搜索框里输入阿拉丁指数，如图 4-4 所示。

阿拉丁指数　　　　　　　　　　　　　　　　　　　　　　📷　　**百度一下**

网页　新闻　贴吧　知道　音乐　图片　视频　地图　文库　更多»

百度为您找到相关结果约2,430,000个　　　　　　　　　　　▽搜索工具

阿拉丁指数-首家小程序指数平台

阿拉丁指数-微信小程序首家指数排名平台,可查询全网小程序排名指数变化情况,有效帮助小程序创业者展示投资、广告、商务合作价值。快速让您了解行业排行,衡量小程序的...
www.aldzs.com/　▼ - 百度快照

阿拉丁指数-首家小程序指数平台

阿拉丁指数-微信小程序首家指数排名平台,可查询全网小程序排名指数变化情况,有效帮助小程序创业者展示投资、广告、商务合作价值。快速让您了解行业排行,衡量小程序的...
aldzs.com/　▼ - 百度快照

图 4-4　百度搜索阿拉丁指数

②点击进入阿拉丁指数首页，如图 4-5 所示。

图 4-5 阿拉丁指数首页

③点击左下角免费收录，进入提交页面，如图 4-6 所示。

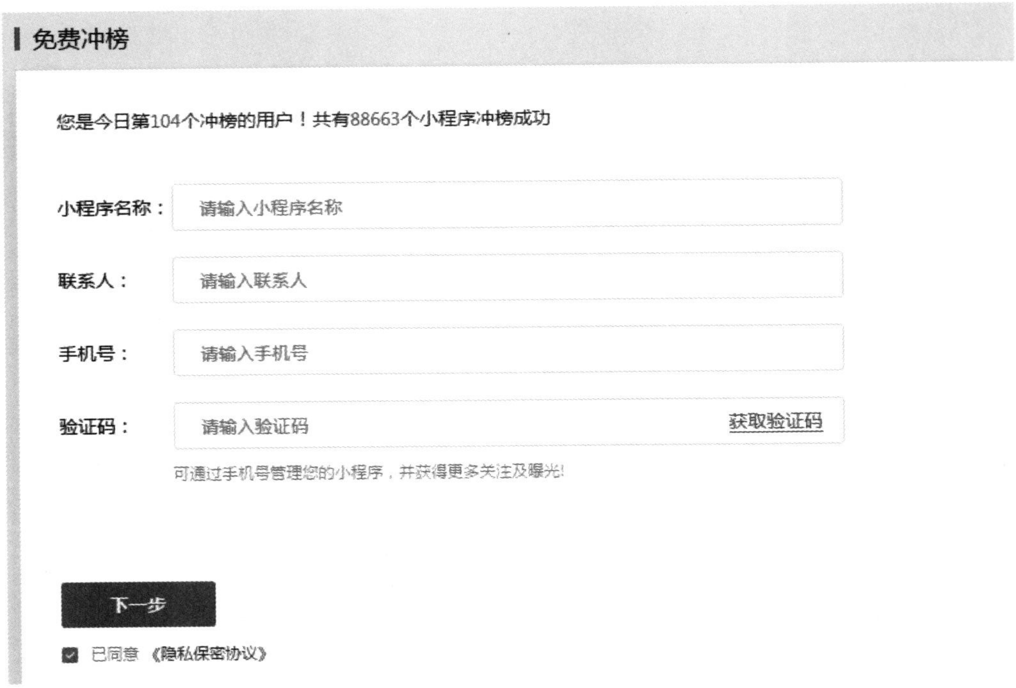

┃ 免费冲榜

您是今日第104个冲榜的用户！共有88663个小程序冲榜成功

小程序名称：　　请输入小程序名称

联系人：　　请输入联系人

手机号：　　请输入手机号

验证码：　　请输入验证码　　　　　　　　　　　　　　　获取验证码

可通过手机号管理您的小程序，并获得更多关注及曝光！

　下一步

☑ 已同意《隐私保密协议》

图 4-6 提交页面

④填写相应的信息之后，点击下一步，进入完成页面，如图 4-7 所示。

全网排名TOP1000小程序，超过80%都已入驻阿拉丁指数平台！

小程序名称：▨▨▨▨

APP ID：　　　请输入APP ID　　　　　　　　　　　　　　　　　　　　⑦

APP Secret：　　请输入APP Secret　　　　　　　　　　　　　　　　　　⑦

完成

图 4-7 完成页面

⑤等候阿拉丁指数官方收录即可。

阿拉丁指数是一个全新的概念，虽然借鉴了百度指数的一些功能，但实际上功能也不够完善。该平台目前的主要功能包括收录、查看相应的指数以及近期内上升频率以及排名。

案例 4-3

举例来说，在该网页搜索框内搜索某款产品，比如拼多多，点击确定之后就可以看到目前拼多多的一些信息，拼多多的阿拉丁指数的详细信息如图 4-8 所示。可以通过相同的方法，查看其他产品的指数。

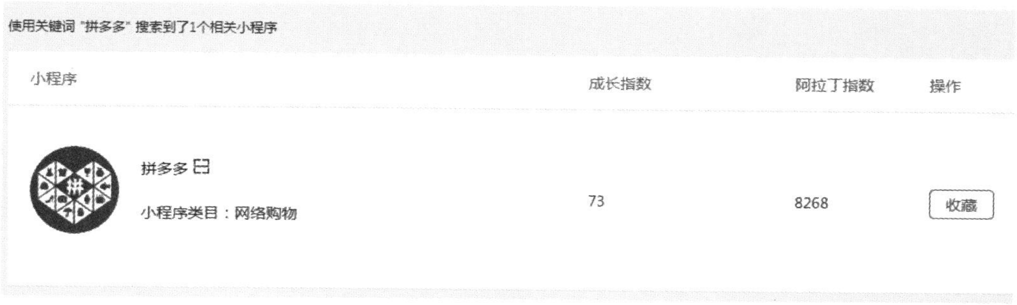

使用关键词 "拼多多" 搜索到了1个相关小程序

小程序	成长指数	阿拉丁指数	操作
拼多多 ⊟　小程序类目：网络购物	73	8268	收藏

图 4-8 拼多多在阿拉丁指数收录

案例 4-4

另外可以查看近期各个产品的上升情况，点击导航栏里成长最快小程序，如图 4-9 所示。点击小程序 TOP 榜单，可以看到最热门排行，如图 4-10 所示。

图 4-9 成长最快小程序

图 4-10 小程序 TOP 榜单

当然其中还包括各个行业的周排行和日排行等基本功能。随着这款产品的持续发展，阿拉丁指数也会受到越来越多使用者的关注。

平台分析：

阿拉丁指数平台目前最大的优点，是可以非常直观地知道某产品在同行中的竞争情况，包括是否能在该行业抢占一定的市场份额，是否有有待改进之处。

4.1.4 行业报告法

为什么游戏行业发展的如火如荼，而有些冷门行业却无法立足呢？想要分析其中的根本原因，可以通过行业报告进行。笔者经常会看一些行业的分析报告，如果某个行业适合笔者现有的人力、物力和资源进行操作，并且有发展的趋势，那笔者必将会投入当中去。

很多时候行业报告里的大数据会让一些初级运营人觉得不真实，是因为他们看不懂。有些时候，如果能够借助 BAT 等大型公司发布的数据进行参考，是可以预判出某些行业是否能够借助这一数据进行获利的。

而小程序也是如此，如游戏类之所以火爆，无非是因为现在用户越来越讲究碎片化时间的管理。用户一天的时间是有限的，而且大多数时间花在上班和睡觉上。其他时间则在上班和下班的路上，这个时间不算长，追剧不过瘾，玩网游流量又不够。

小游戏正好发现了这一空缺，并填补了这一缺口，满足了用户的需求。想要获取行业报告，可以参考以下的具体步骤，以医疗行业为例进行说明。

①通过百度搜索引擎，查看医疗行业未来的前景信息，了解行业大佬的动向。比如腾讯是否会在医疗圈子做什么调整，是否会加大对医疗行业的投资。

②通过同行的会议了解，莆田对医疗行业很重视，每年都会组织这种类型的会议，并且对第二年的发展进行大规模的投入。

③抢占市场，现在大家都知道一个公众号可以绑定五个小程序，添加十个关键词。关键词是有排名的，用户通过微信搜索可以查到对应的产品。如果企业能够提前抢注对应的关键词，就可以很好地掌控市场的先机。

案例 4-5

2017 年初，我参加了一家民营医疗集团的股东大会。当时许多老板因为受到了新媒体的冲击，觉得更加应该抢占市场，于是决定将自己旗下所有的医院都注册运营小程序。虽然一些老板对行业掌握确实比较精准，但是下面的人执行却十分缓慢。

在开完会之后，我立马开始着手医疗方面的注册和铺垫，前后抢注了上千个医疗行业的关键词，比如：深圳最好的××医院、北京最好的××医院、上海最好的××医院等，其中关键词深圳最好的医院排名如图 4-11 所示。之后这些医院的老板想要再注册这些关键词的时候就会发现已经不能注册了，而我顺理成章地将这些关键词卖给了这些医院的老

图 4-11 深圳最好的医院排名

板，从中赚取了一定的金钱。

这就是通过行业报告获取到信息，并且执行下来的好处。行业报告其实并不一定属于内部，如果认真运营项目，那么就一定会具备这样的前瞻性。再结合一些大数据，就可以更好地抢占市场。

案例分析：

这是一个典型的从行业报告的分析中抢占市场先机并且获利的案例。案例中详细说明了医疗行业对未来的发展规划，但是问题出在了执行力上。所以不难发现，再多的报告都是虚的，只有真正的执行才能获得成功。

4.1.5 语言沟通法

这是最传统也是最原始的方法，虽然需要一对一地去沟通解决，但是效果却是最好的。运营人员可以将产品里的用户引到一个固定的圈子，并且在圈子里配置相应的管理员进行管理，比如 QQ 群、微信群等。

笔者去年在做产品运营的时候，为了对产品进行推广和让用户获得更好的体验，吸引用户加入了微信群。每当产品有新功能上线之后，用户的反应都是最大的。他们往往会第一时间在群里发表使用之后的感受，比如哪些功能做得不错，哪些功能做得还不够好。

其实这个方法对运营人员来说非常有必要，一方面可以让用户知道自己使用的产品是最新的，满足用户的虚荣心；另外一方面可以通过群里用户的反馈，及时发现问题并改进。

而这种类似的方法，与一些大型公司所使用的内测和公测是一个道理。

具体操作方法如下：

①创建一个微信群或者 QQ 群，方便用户查找并加入。

②在线上或者线下对产品进行推广，引导用户添加。

③针对用户在群里提出的问题，进行统一解答或者一对一的解答。

案例 4-6

我有一个朋友在带某个项目的时候，只有售前客服和售后客服的岗位，并没有设置维护客户体验的岗位。这导致售前只管卖东西，售后只管退货和退钱，哪怕售后知道问题，也只能做出售后的处理。尤其是有些产品进行更新之后，已经开始销售了，最后却因为产品的问题而导致大量退货，损失惨重。

后来我向他建议，你不妨设立一个微信群，让推广部的同事在推广产品的时候，引导用户加入这个群。并且为了提升用户的积极性，如果用户提出的建议被采纳，可以

为用户提供现金或者实物奖励。用户反馈
的问题如图 4-12 所示。

随后他单独安排了一个客服人员进行
这种类型的用户沟通，而且该负责人也在
群里。后来他发现有些问题其实都是他知
道但是没有处理的，比如某个页面打开过
慢、某些图片处理得不够美观、某个客服
所说的话使用户不满意等等。

针对用户提出的这些问题，他马上进
行调整。比如页面加载过慢，让程序人员
进行调整；某些图片处理得不够好，让美
工进行美化；而客服的语气问题，则进行

图 4-12 用户反馈的问题

强化培训。在建立这个微信群之后，他从用户那里得到的信息越来越多，细节问题处理
得越来越完善，业绩也越来越高。

案例分析：

该案例中的核心问题并不大，都只是出在了细节问题上。但是往往细节决定成败，
一个用户会有这样的问题，那么运营人员就应该想到，其他用户也会出现类似的问题。
有针对性地与用户交流和沟通，往往能够非常快速地解决用户的问题和满足用户的需求。

4.2 抓住用户心理的三大绝招

一个合格的运营人员，要思考的核心问题是运营产品怎样才能影响用户，要让用
户在有需求的时候会立马想到这款产品。但是最初用户接受产品的时候是十分被动的。
大多数情况下，用户使用某款产品都是通过广告媒体知晓的。这种广告媒体如果投放得
好，或许在短时间内能够使用户数量得到大量攀升，但是如果产品本身不好，也会很快
被用户遗忘。

如果用户能够注意到自身的需求，而我们的产品正好满足他的需求，自然就会得
到用户的青睐。其实说到底，运营人员就是在和人打交道，抓住了人就抓住了用户，抓
住了用户，自然就有了利润。

想要抓住用户，就必须使用一些战术，在这里为大家推荐抓住用户心理的三大绝招，
如图 4-13 所示。

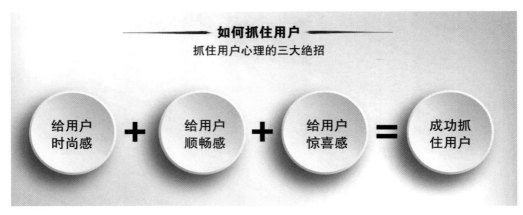

图 4-13 抓住用户心理的三大绝招

4.2.1 第一招：给用户时尚感

现在是年轻人的时代，紧跟时髦的大多数也是年轻人。据不完全统计，使用小程序的人群中，90 后与 00 后占到了 80% 以上。也就是说，我们现在所运营的核心用户，基本上都在 90 后这个阶段上。

年轻人最喜欢时尚，像追星、追剧、追电影都是当下年轻人最喜欢的事。这些事让他们感觉自己紧跟潮流，非常时尚，所以可以通过给予用户时尚感来抓住他们。

举个例子，当身边的人都在谈论小程序的时候，你却连它是什么都不知道，会不会觉得自己很落伍？同样，如果在运营某款应用的时候告诉用户，这是一款紧跟潮流的产品，是一款所有 90 后乃至 00 后都在使用的产品。通过这样的宣传，用户必然会产生心动的感觉，会尝试使用。

最出名的案例当属跳一跳了，在刚刚发布的时候，它并没有引起很大的轰动。但是加以朋友圈的助推之后，用户发现身边的人都在玩，而自己却不知道，自然也就想要去玩一下了。再加上跳一跳是比较新颖而且时髦的小游戏，所以非常受用户青睐，这就是时尚感的魅力。

具体操作方法如下。

①找到运营的用户对象，确定他们的喜好。可以通过新浪微博用户关注的情况进行查找，比如正在运营一款游戏类产品，就可以在微博上进行游戏方向的调查。

②将调查来的结果反馈给公司的相关人员，并让策划人员进行布局，让开发人员进行功能的实现。

③进行广告宣传，将全新的产品通过不同的广告模式宣传给用户，吸引用户使用。

案例 4-7

要说现在最为火爆的游戏是什么，相信就是绝地求生，也就是大家俗称的"吃鸡"了，几乎人人都在玩。它的成功之处在哪里呢？在于创造了一个全新的竞技模式，也就是给用户新鲜感。那么这款游戏是怎样诞生的呢？

回顾游戏的发展史，最开始是以传奇为代表的平面对战类，之后诞生了以梦幻西游为代表的回合制游戏，再之后又有了地下城与勇士这种闯关类游戏，后面陆续出现了5V5英雄联盟竞技对战类游戏。

这些游戏都有忠实的铁粉，它们的成功都是突破了传统的观念，给了用户新鲜感，现在绝地求生游戏也是如此，如图 4-14 所示，属于创新型游戏。

图 4-14 绝地求生游戏

案例分析：

这是一个多元化成功的案例，但是核心却是一致的。案例中每一款游戏的成功，都是因为给用户带来了不一样的游戏体验。这种游戏体验让用户感到新鲜，让用户觉得自己比玩那些传统老游戏的人更加紧跟潮流。

所以在做运营的时候，一定要记住，现在大多是以 90 后和 00 后的需求为主宰的社会，不久的未来 10 后也将快速成为抢占市场的用户。而年轻人越来越时髦，越来越追求时尚。所以研发的产品、提供的需求带有一定的新鲜感和时尚感，自然而然就能吸引更多的用户了。

4.2.2 第二招：给用户顺畅感

在小程序没有诞生之前，用户使用最多的程序是 APP（Application）。虽然 APP 的出现确实给用户带来了方便，但随着互联网的发展，诞生了许许多多新型的行业，这些行业为了跟随潮流，都开发出了自己的 APP。每次用户想要使用全新功能的时候，就不得不下载一款 APP。如果需要重复使用就需要不停地打开这些产品，而有些 APP 因为内存占得过多，导致手机的使用寿命也大大缩短，这让用户感觉非常麻烦，十分不顺畅。

那么在推广自己所运营的小程序产品的时候，就可以很好地抓住其随用随走，无需安装的特点。

具体操作方法如下。

①对速度进行判断，打开运营的产品，看看打开速度是否维持在 3 秒以内。

②对点击的产品进行查看，看图片是否吸引人。

③对支付界面进行测试，保证对接的接口支付正常。

案例 4-8

某家公司领导在开发一款产品的时候说，我们要让用户习惯使用这款产品，要通过这款产品获得更多的利润。但是后来该领导所带领的团队业绩并不理想。于是他去找了业界做运营比较厉害的一位导师，请其指点到底是哪里出了问题。

该导师拿到了产品之后，用了一段时间整理了一份稿件发给这位领导，指出主要问题就是用起来十分不顺畅。他列举了关于产品的一系列问题，如图 4-15 所示。第一是打开速度极慢，根本原因在于网页的某个引用的文件一直处于加载中；第二是图片处理得不够美观，无法让人产生购买的欲望；第三是当使用支付功能的时候，支付界面一直跳转不了，导致支付失败。

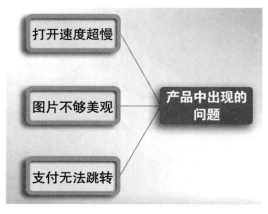

图 4-15 产品中出现的问题

其实产品本身设计得还是不错的，但是使用时的不顺使用户根本没有想再次使用的欲望。

其实如果该领导自己去查也能发现这些问题。但是他并不关心这些，只是将这些问题丢给手下的人去处理。而手下的人因为涉及不到自身的利益，所以也不关注这些问题。加上没有一个合理的管理流程，导致问题迟迟得不到解决。

最后该领导将团队的成员组织起来开了一场会议，将每个问题以及需要注意的点都提了出来。比如哪些地方需要改进，哪些多余的代码需要去除，接口是否对接顺畅，图片处理得是否精致。最终将每一个细节问题都进行了完善处理，团队运作也更加协调了。

案例分析：

该案例的重点在于用户对产品的使用感受，也可以称之为用户体验。用户不使用该产品，或者使用产品却没有产生消费，一定是有原因的。用户体验是非常重要的，在用户使用产品的过程中，产品存在的任何问题都是运营过程中的阻碍。

4.2.3 第三招：给用户惊喜感

大部分运营人员所做的宣传都是类似的，用户也已经多多少少知道最后想要表达的意思，这种情况下用户很难提起兴趣，而一个优秀的运营人员却不是这样。一个优秀的运营人员，是擅于给用户惊喜的。

虽然现在小程序还并未形成绝对的影响力，但是如果不优先想出绝佳的方案，最后也会被同行甩得远远的。以电商行业为例，拼多多小程序位居第一，如图4-16所示。为何拼多多能够杀出重围呢？

图4-16 拼多多小程序位居第一

在拼多多上，如果用户单独购买商家的产品，价格相对来说会比较贵。但是如果用户将商家的产品分享给微信好友，邀请好友一起拼团购买，将会便宜很多。其实不难发现，这种模式在以前团购网上十分流行，但是在小程序里却是第一家。这对于一般用户来说，无疑是一种惊喜。只要分享了，让朋友一起购买就能省钱，何乐而不为呢？现在每天不知道有多少用户在使用分享这一功能，自然而然成就了拼多多。

以释放彩蛋为例的惊喜法具体如下。

①收集用户的需求，准备彩蛋。

②引导用户使用我们的产品。

③释放彩蛋，比如当用户使用产品的时候，发送某些关键词，就有机会掉下彩蛋，这些彩蛋可以是现金、打折券、游戏装备等，以此来给用户意想不到的惊喜。

案例4-9

以现在非常有名的网易云音乐为例，虽然现在的音乐市场已经达到了饱和的状态，但是曾经也是你争我夺非常激烈的，而网易云音乐的成功之处在于，它是第一个践行"社交"音乐概念的平台。这就是本章所说的惊喜感，这种惊喜恰好迎合了当时年轻人（90~195后）的需求，网易云音乐用户年龄段如图4-17所示。

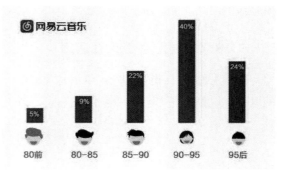

图4-17 网易云音乐用户年龄段

在以前的音乐产品中，一首歌的歌曲信息最多只有歌名和歌手名，有的甚至只有简单的歌名。虽然当时用户并不在意，但是网易云音乐却给每首歌配上了字幕和封面，最后还给不同的歌手做了专辑。虽然这些都是细节上的操作，但是却给用户带来了不一样的惊喜。

案例分析：

网易云音乐作为网易所创建的品牌，相比小型公司而言，更加注重用户的需求。比如案例中提到了给音乐配上字幕，就很好地解决了有的用户希望通过听歌学歌却又不知道歌词的问题，深受用户的喜爱。

所以，做运营想要真正地抓住用户，就必须抓住用户的时尚感，产品要够前卫；抓住用户的顺畅感，产品要方便快捷；抓住用户的惊喜感，产品要够惊喜。

如果能够很好地学会以上三招，那么将会很快抓住想要的用户，用户也会因为我们所创造的价值而喜欢上这款产品。

4.3 让用户上瘾的两个技巧

前面有说到，运营人员不仅仅要了解用户的需求，还要优先想到用户想不到的。如果什么都等用户提出来再去完善，那已经来不及了。要知道，用户只会在使用的时候发现问题提出来，很少会主动提出自己想要什么东西。

往远了说，曾经没有互联网的时候，是因为某些爱好者发现了这一契机，所以诞生了互联网。往近了说，小程序的诞生并不是因为用户反映 APP 使用起来太麻烦，而是腾讯内部人员自己想到并且研发出的全新理念。

运营人员需要考虑用户没有考虑到的事，这叫运营超越人；用户频繁地使用产品，这叫上瘾，也就是成功的运营会让用户上瘾。

那么怎么才能让用户频繁使用运营的产品，并且产生上瘾的心理呢？这里为大家介绍两种技巧，如图 4-18 所示，第一种为短期上瘾，主要作用为：数据引爆，拉伸用户数量；第二种为长期上瘾，主要作用为：持续发展，维持用户活跃。

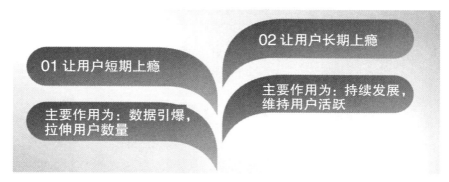

图 4-18 让用户上瘾的两大技巧

4.3.1 技巧一：让用户短期上瘾的方法

如果想要让用户以最快的速度使用我们的产品，可以直接刺激用户的使用心理，比如：给予一定的积分、虚拟物品甚至是金钱等奖励。但是必须要真正考虑用户的需要，用户为了得到这些奖励，自然而然就会执行某种行动。

相对有效的方法有以下几种。

①直接给予奖励，比如：使用达到多少分钟即可抽奖一次。

②心理暗示，比如：定时加价，每隔一天涨价多少。

③刺激用户攀比心，比如：已经有一万名用户获得了该成就。

④虚拟奖励，比如：充值 500 元将额外赠送价值 1000 元顶级装备一件。

当然除了这些简单的奖励方式之外，合理地把控好用户的临界点也非常重要。所谓用户临界点，就是用户刚好能够接受，而企业又能支付得起。

要想更加准确地找到临界点，就需要使用运营学里的一些方法，比如用户调查和竞品分析等。

（1）大奖要有，小奖不断

根据用户调查可以得出，用户第一时间拿到奖励的兴奋程度远大于等待后的兴奋程度，对于大奖的期望更是如此。所以为了让更多用户使用我们的产品，大奖的设置是非常有必要的。但是大奖一般来说无法及时地让用户获得，尤其是实物奖励。这个时候，可以利用小奖的积累给予用户换取大奖的机会。

具体操作方法可以为：在产品界面或者公告栏特别指出，只要用户每天签到，就能获得一些积分，而这些积分可以兑换成现金，达到一定的金额则可以申请提现。

（2）低投入，高产出

所谓低投入，高产出，指的是用户不需要花费太多的时间和精力就能获得想要的奖励。举例来说，同样给予用户200元的现金奖励，A公司为了省钱，只提供了签到给予积分的政策，而200元奖励至少需要花费一个月的时间。而B公司为了快速吸引用户，同样200元的奖励，只需要用户分享到不同的平台，吸引身边的朋友注册，达到10个就可以。相比之下，用户会更加喜欢B公司的方案。

案例4-10

小明和小红两个人在同一家公司的同一部门，分别在不同的小组。公司为了激励两个小组员工，规定相同的产品由两个小组进行不同方案的制订，成功带来价值的小组将获得额外的奖励。小明和小红作为两个小组的负责人，也是各自努力，信心满满。

某天公司领导要求两个小组给一款产品设计方案，两人很快便想好了各自的方案，并且开始进行投放测试。三天之后，小明提出来的方案获得了大量用户的关注，最终公司决定选用其方案。

在会议上小红很不解地问："我认为我的方案很不错，为什么效果反而没有小明的好呢？"领导随即展现了他们两人的方案，由于都是工作多年的老手，方案也是特别相似。但是最后领导在两人的宣传标语上做了重点标注，原来小红的宣传标语上写的是"参与调查即可获得丰厚奖励"，而小明的宣传标语上则写的是"只需1分钟，您就能获得价值1000元的大礼包"。小红看到这样的标语之后，也是恍然大悟。

案例分析：

相信读者也能从这个案例中发现关键所在。"参与调查即可获得丰厚奖励"并不是不吸引人，但用户考虑更多的是，调查需要多久，丰厚奖励又是什么呢？如果浪费了大量的时间反而奖励一般，这样投入与产出相差可能会太大，那么不如干脆选择放弃。

而"只需1分钟，您就能获得价值

图4-19 让用户觉得占便宜

1000 元的大礼包"，却能很快勾起用户的兴趣。哪怕这句话是假的，不可能花 1 分钟就获得 1000 元，但是也会让用户认为值得尝试，因为 1 分钟也耽误不了多少时间，万一真的能够获得 1000 元呢？这就是典型的让用户产生低投入，高产出的心理，吸引用户使用产品，如图 4-19 所示。

4.3.2 技巧二：让用户持续上瘾的方法

让用户持续上瘾，说得直接点就是让用户持续使用产品，而这里涉及一个十分重要的因素，就是要通过宣传让用户知道，只要持续使用产品，未来获得的利益将会更大。

当然，不同的用户想要获取的利益也是不一样的，利益不同，使用户上瘾的方法也不同。这里为大家介绍三种让用户持续上瘾的办法，如图 4-20 所示。

图 4-20 让用户持续上瘾的办法

（1）直接性收益

直接性收益主要指的是金钱和物质方面，这样的收益对于大多数普通用户来说最为有效。这种类型的用户往往会认为，到手的才是真实的，无论多少都要先到手。

具体操作方法：上架某款应用，并在公告栏中说明，每个用户每天能够邀请 10 名新用户注册，新用户注册成功之后，该邀请人将获得 10 元奖励，每周进行一次结算。

注意事项：为了保证成本的控制，尽量不要出现金字塔类型的拉人方案；同时为了保证用户注册的真实性，最好设置为手机验证码注册或者身份证注册，以防止一些不法分子为了获利而钻漏洞。

（2）虚荣心收益

所谓虚荣心收益就是别人没有的我却有，虚荣心人人都有，用户也不例外，正所谓独一无二的才是最好的。所以可以设置一些高等级的标签，这种模式最成功的就是 VIP 标识了，而且现在更是出现了 SVIP 以及 SSVIP 等。

具体操作方法：根据用户的使用时间或者用户的消费而定。这是两种不同的方案，当然消费用户获得的标签与时间用户所获得的标签是不一样的。比如可以给予花费时间最多的用户"年度忠诚"奖，并给予一定的奖励；而消费最多的用户，可以给予"年度土豪"奖。

（3）资源性收益

资源性收益，分为人际圈子资源和信息化资源。人际圈子主要是大家相互协作，有人脉就有钱脉这句话相信都有所耳闻。而信息化资源，更多的是知识，比如有些用户喜欢学习，当用户使用产品到一定程度之后，可以赠送他们学习资料。

具体操作方法：设立贡献限制，人际圈子是非常讲究的，尤其是高等级的人际圈子，更加需要考核制度。用户为了能够进入这个圈子，则会加强自己的能力，以便进入该圈子之后，更好地前进。

以简书的签约作者头衔为例，当时无数作者为了能够取得签约作者的头衔，坚持每天投稿。在早期没有用户群众作为基础的前提下，想要达标是非常困难的一件事。所以作者们为了能够进入签约作者这个圈子，不断使用简书这款产品，最终使得简书爆红。当然里面的签约作者，也得到了更好的发展。

4.4 用户运营小绝招：积分运营法

用户运营的核心分为：用户拉新、用户激活以及用户留存。说得通俗一点就是，让新用户有进来的兴趣，老用户有留下的动力。本章节将跳过所有的理论知识，为大家重点介绍完全实操的一种方法——积分运营法。

4.4.1 搭建属于自己的积分体系

现在大多数网站、APP 以及小程序都会涉及积分。积分有高有低，最直接的作用就是让用户在不同的积分阶段享受不同的权限和待遇。那么应如何搭建属于自己的积分体系呢？具体如图 4-21 所示。

图 4-21 成功搭建属于自己的积分体系

（1）积分设计

要想做好积分运营，首先要设计好积分。积分设计得过多，容易导致积分膨胀，没有意义；积分设计得过少，容易导致用户很难获得，丧失信心。所以对于积分的把控十分重要。

通常来说，用户要想完成一项操作，需要执行许多步骤。比如：注册、登录、发送验证码、填写验证码、选择、点击付款以及分享等。如果每个步骤都会让用户获得积分，就没有任何意义了。

一般来说可以设置三个积分点，一是在新用户注册的时候给予积分，二是消费满一定金额之后给予积分，三是分享之后再给予积分。

（2）积分分类

积分可以分为消费积分、行为积分和等级积分。

①消费积分：指的是用户产生消费行为时所获得的积分。

设计技巧：在点击支付并且提示支付成功之后，用户可以获得该积分。在其他操作上，该积分禁止出现。

②行为积分：为了刺激用户主动评论，当用户消费之后，产生评论则赠送积分，好评则额外赠送更多的积分。

设计技巧：积分只有在产生评论的时候才能生效，并且获得的条件为已经消费的用户。在其他操作上，该积分禁止出现。

③等级积分：主要是指用户通过以上两种方式获得的积分形成的等级制度，等级越高享受的福利待遇也就越好。

设计技巧：跟随各个点的积分变动而相加的总和而定。

（3）积分奖池

用户通过长时间的操作和积累获得的积分最终会存到积分账户里，这些积分账户也就是所谓的积分池。积分池里的积分可以通过积分商城进行实物或者金钱的换取，百度积分商城如图 4-22 所示。

热门兑换

图 4-22 百度积分商城

由于积分是免费获得的，用户并不需要时刻留意积分的动向，只需要经历一定的时间即可积累。对于用户来说，通过积分兑换时带来的喜悦，就相当于天上掉馅饼一样，是非常值得高兴的。所以有了这套积分运营系统，就能更好地抓住目标用户，让用户持续产生消费。

4.4.2 积分运营的核心

积分运营是包含在用户运营里的，是用户运营的一种模式。但是这种运营模式目前并不流行，主要原因是价值太低，用户对积分的期望并不高。所以如果想要真正做好积分运营，就必须要提高积分带来的价值。积分运营的核心如图4-23所示。

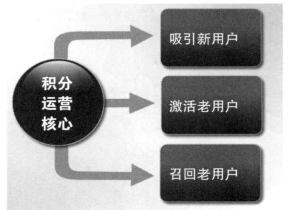

图4-23 积分运营的核心

（1）吸引新用户

吸引新用户也就是常说的拉新，一般拉新不会用积分，而是会通过直接赠送的方式进行。

具体方法：如果是金融平台，可以采用"注册即送500元现金大红包"的方式吸引用户；如果是电商外卖等平台，可以采用"首次消费免单"的方式吸引用户。

（2）激活老用户

有些老用户在使用一段时间之后可能因为种种原因而降低使用的频率，面对这种情况，可以采用使用时长的积分制度，只要用户使用就能获得积分并变现。

具体方法：通过对用户的群发提醒告知用户，在日常的使用过程中，凡是操作达到多少次，就可以获得相应的积分。

（3）召回老用户

在游戏领域有一个词叫做"弃坑"，简单来说就是卸载了游戏，不再使用。但是这种用户很少有真正不玩的，他们也会时不时地关注游戏官方的动态。

具体方法：为了召回这些老用户，可以每隔一段时间通过公众号、官方论坛等渠道，发布一些关于老玩家回归的积分福利。比如：7天未登录的玩家可以领取1000积分，价值100元；30天未登录的玩家可以领取5000积分，价值500元；180天未登录的玩家可以领取50000积分，价值5000元，通过这种方法，来刺激老玩家回流。

4.4.3 积分运营实操案例

案例 4-11

我曾经在一家公司运营一个项目，这个项目在我接手的时候做得并不好。而且员工已经形成了固定的工作习惯，很难主动去思考怎么解决。后来经过仔细观察，我发现原来许多客户在购买产品的时候，都希望能够打折或者减免一些费用。

但是商品上架之后再去改价，对于客服人员来说非常麻烦，所以客服无法满足用户的要求，导致用户流失。

发现这个问题之后，我开始着手解决这个问题。

具体方法如下：

①召集全公司人员进行一次会议，列举出影响当前业绩的原因。

②告知程序员进行功能的开发，使用积分制度。

③积分制度具体执行方案：通过消费获得积分（100~1000积分不等）、通过好评获得积分（50~500积分不等）、通过老用户促进新用户成交获得积分（200~500积分不等）。

④凡是遇到希望降价的客户，客服人员有义务提醒用户参与积分活动，并告知用户通过积分可以换取减免的额度。

⑤积分换算比例为100积分等于1元钱。

虽然表面上这些积分是在做亏本生意，但是用户为了想要得到这些积分，在消费上也会更加爽快。而且能够通过评论以及推荐新用户来获得积分，对于老用户来说也是乐意去做的事。

案例 4-12

另一位朋友公司的产品销售的非常不错，但是相对的麻烦事也非常多。由于上架的产品往往都是经过美工修饰过的，所以与实物难免会有较大的差距，这让用户十分反感。因此虽然销量高，但是退货的概率也比较高。于是朋友找到我，希望我能帮她找到一个合适的解决方案。

在看到她的问题之后，我认为这也是可以用积分去解决的。直接退货或者给予差价补贴对于商家来说，是非常不划算的一件事。于是我告诉了她可以这样：

①如果客户想要退货，能安抚则安抚，不能安抚则以赠送积分的形式解决。

②如果因为快递的原因导致用户收到的货物超时，同样可以以赠送积分的形式解决。

③在销售商品的时候，为了吸引用户，会赠送一些小礼物。但是如果打包的时候忘记放进去而导致用户反馈，在核实之后，依然以积分赠送的形式解决。

在听了我的建议之后，她觉得这样更加亏本，但是我告诉她，这并不是亏本，而是减少损失，带来更大利润的最好办法。最后朋友采纳了我的建议。

一个月之后，朋友告诉我，这个方法让她这个月的退货率降低到了只有三件，利润翻了一倍。

积分运营是一种看似亏损实则能够创造更多利润的方法，在用户运营当中尤为常见。给予用户积分，就相当于给了用户一个未知的惊喜，这个惊喜会让用户源源不断地给商家带来更多的利润。

第 5 章

刺激用户的痛点：活动运营

生意会有淡季与旺季，这在运营里称为巅峰与低潮。某些企业可能一年中的某几个月销售额仅能维持开销，但是在某个时间段却能拉伸一年的业绩，这个时间段称为活动。最为出名的活动是电商行业的两大巨头，淘宝和京东所创造的双十一与双十二。

为什么这两天能够如此吸引购物者呢？因为刺激到了用户的痛点，所谓痛点是指能激起用户欲望的"痛"，是让用户产生心理共鸣并且消费的"痛"。

当然并不是每家公司都能通过这两天赚取一年的利润，所以抓准其他日期打造爆棚的活动，也是商家创造利润巅峰的重要行为。常见的活动可以分为两类：第一类是节假日活动，比如：元宵、端午、中秋、国庆等；第二类是企业内部活动，比如：开业典礼，周年庆等。

5.1 活动运营，吸引用户参与的营销利器

商家对一款产品进行活动运营，就是希望能够获利。但是在获利之前，商家还应弄清楚一个非常重要的问题，那就是用户为什么会花钱？用通俗的话来回答这个问题，就是用户感到花的钱比买到的东西更值，觉得自己占到便宜了。

当然商家是不会做亏本买卖的，所以做活动的真正目的，就是为了让用户有占到便宜的感觉。

5.1.1 占便宜？NO，用户是想获得更多优惠

如果在大街上当着众多路人的面随便对一个人说"我给你一百元，你要不要？"，对方肯定会觉得说话的人是神经病。但是如果说话的人对这个人说的是"我这里有个活动，你花两分钟参与一下就可以获得一百元的礼包，您愿意吗？"我相信许多人都会非常乐意参加。

为什么直接给对方钱，对方却不要呢？其实对方是非常想要的，免费的便宜谁不想占，但是当着那么多路人的面，面子比一百元钱要重要，所以对方会选择不要。等拒绝之后，免不了还会后悔一番，为什么当时我不要呢。这就是人性，用户不一定要去占便宜，但是他们一定会想占便宜。用户想占便宜的四种需求如图5-1所示。

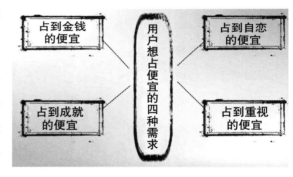

图5-1 用户想占便宜的四种需求

做一次活动需要耗费大量的时间精力、人工成本和投入预算，这些对于企业来说是一笔不小的负担，如果没有充分计划就做一次活动，最后的效果肯定不会很理想。通过上面的了解，大家知道了活动运营的核心就是让用户想占便宜的心态成为现实，并且又不会丢失面子。

（1）占到金钱的便宜

提到金钱可能有些商家会错误地认为，让用户占到金钱的便宜，不就是给用户钱吗？这样我不就亏大了。这里所说金钱的便宜并不是直接给用户钱，而是让用户省钱。

①具体方法：提前通知用户，即将举办一场大型的周年庆活动，活动当天所有商品一律6～8折优惠。而且满200送100现金券，满500送300现金券。

②注意事项：此类活动比较繁多，要想取得显著效果，一定要注意在前期的铺垫，

要给用户一种我们是高品质商家，不会随意打折或者促销的感觉。这种类型的活动，如果经常使用反而会让用户觉得商家品质较低，从而丧失对商家的信任。

③参考案例：电商行业双十一，每年就一次活动。

（2）占到自恋的便宜

相信每一个人或多或少都会有那么一点自恋，这是再正常不过的事了。比如在使用了某款产品之后，感觉自己美美哒而晒朋友圈，就是一种典型的自恋行为。所以如果举办活动的话，可以从让用户产生自恋的心理着手。

①具体方法：在活动中提醒用户，如果使用了我们的产品，可以让用户变得更加性感迷人或者帅气。

②注意事项：一定要针对用户可以展现的产品，这种类型的活动不适合知识、内涵以及看不到的产品，应尽量以增高、变美、丰满、年轻以及漂亮为主进行展开。

③参考案例：各大美容化妆产品，让女孩产生自恋的神器。

（3）占到成就的便宜

所谓成就指的是与其他人进行竞争，最后超越别人并且获得了他人得不到的奖励。对于用户来说这是一种成就，要让用户有成就感，他们才会参与其中。

①具体方法：因为是有竞争的，所以这种类型的活动更加适用于游戏类。在网吧或者线下手游举办一次这种类型的活动，比如现在所流行的 5V5 游戏，鼓励每个服务器（游戏登录角色所在的区域）报名，并且选择排名靠前的一支队伍进行比赛。最后通过层层 PK，选择出最后的优胜队伍给予荣誉称号以及金钱奖励。

②注意事项：这种类型的活动，更多的是针对游戏玩家，尤其是人民币玩家，在其他行业并不适用。

③参考案例：梦幻西游服战。梦幻西游可谓是游戏中的经典，服战奖励也高达数十万元，但是对于这种高端人民币玩家而言，显然独一无二的称号成就比奖金更具有吸引力。

（4）占到重视的便宜

在做活动运营的时候，商家最希望的不是用户付款，而是用户能够将活动分享给更多的用户，这个时候就涉及一个重视程度的问题了。打个比方，如果 A 发了一条朋友圈，收到了许多朋友的点赞和评论，如图 5-2 所示。同时 B 也发了一条朋友圈，但是没有任何反应。此时 A 和 B 就会有两种不同的心理，A 会想我有许多朋友，朋友们都很在乎我，我很幸福。而 B 则会想，我没有朋友，他们都不在乎我，我很孤独。

图 5-2 朋友圈点赞

在做活动的时候，商家更希望 A 类用户的出现。只有 A 类用户的出现才能促进活动的成功率，因为 A 用户会带动身边的人参与进来。商家只要通过某些途径告诉 A，只要分享就能获得礼品，这样更能促进 A 用户带动活动分享。

①具体方法：在活动的推广中加入这样的文案：来测测你的朋友圈有多少朋友真正在乎你？分享这个测试，立刻获取精美礼物。

②注意事项：这种让用户起到重视的活动相对来说比较难做，核心在于用户在平时的日常生活中，有没有在朋友心中造成一定的影响力。

③参考案例：投票类活动。

5.1.2 让用户占便宜，代金券的经典玩法

当听到代金券的时候，普通用户的第一反应多数是，又可以省钱了。没错，这是代金券最为直接的功能。但是作为运营人来说，第一反应应该是，怎么通过代金券为商家或者企业带来更大的利润。

在活动中发放代金券是运营一贯的套路，可能有些运营人员会说，我们也经常使用代金券，但是效果也非常一般啊。那么我想问一下这位运营人员，你是不是只是简单地通过线下或者线上发放一下就完事了呢？如果是这样，那只能说你不会玩代金券，你只是代金券的搬运工而已，并不是代金券的作用不大。

无论是线上还是线下使用代金券的商家都非常多，当然做运营更多的是针对线上而言。下面为大家介绍一则代金券案例，滴滴打车。

案例 5-1

滴滴打车在最初的时候为了吸引新用户，就是给用户发送红包作为代金券，而且这些代金券是可以直接用来支付打车费用的。同时滴滴打车针对的对象不仅仅是普通用户，还有司机。为了让司机也能更卖力地开车，滴滴也使用代金券来鼓励司机用户。

为了让用户持续使用，滴滴打车又推出了只要分享滴滴链接，不仅用户自己可以获得代金券红包，用户的朋友也能获得代金券的活动。这样的代金券模式，不仅使滴滴获得了新的用户，更使得之前的老用户进行了第二次，甚至第 N 次消费。

最后滴滴打车公司拥有了一套完整的用户使用频率系统，一旦发现用户长期不再使用产品，就会通过获取到的用户信息，比如安装 APP 时留下的邮箱以及电话向用户发送代金券红包，以此来刺激用户再次使用产品。

从以上的案例中不难发现，滴滴打车作为出行行业的领头羊，在运营模式上的成功非常值得借鉴。

代金券的具体操作方法如图 5-3 所示。

图 5-3 代金券的具体操作方法

①在产品初次上线的时候，为了吸引更多用户使用，可以采用发放代金券的方式。

②当产品被用户使用之后，可以通过系统提示的功能告知用户，如果分享链接可以再次获得一定金额的代金券，并且该代金券可以在下次消费的时候抵用。

③当一些用户长期不使用产品的时候，可以通过发送代金券的方式提醒用户，让用户再次使用产品。

后来滴滴打车推出全新的产品，比如快车和专车服务的时候，也是采用了同样的方法来吸引用户，并且将以往积累的用户信息直接转移到了全新的产品上，大大降低了再次吸引新用户的成本。

滴滴打车之所以成功，仅仅在于使用了代金券，从而巧妙地将营销技巧、资源、拉新用户、激励用户、引导开发新产品等多个板块完美地融合在一起。不得不说，这是一场完美的运营。

正所谓巨大的成功不过是小成功的复制，再小的运营，都需要有敢于颠覆创新的魄力。如果作为运营的我们能够将代金券的作用发挥到极致，最终所运营的产品，也将能取得巨大的成功。

5.1.3 揭秘双十一成功法则，让用户剁手也要买买买

要说活动运营中最为成功的案例，淘宝网认第二，估计没有其他商家敢认第一。淘宝所创立的双十一活动，将一个原本不是节日的日子，打造成了一个远比节日还要值得人期待的日子。

作为最成功的活动运营者，淘宝网必然有许多值得借鉴之处。双十一成功的七大方法如图 5-4 所示。

图 5-4 双十一成功的七大方法

（1）包邮

如果同一款产品，不同的店家一家包邮一家不包邮，那你会选择哪家？答案很明显，因此，现在包邮已经成为活动必备的手段之一。

具体方法：活动期间，用户只要在本店消费满足一定金额即可全年包邮。

效果展现：不仅可以在活动当天刺激用户的消费心理，并且"全年包邮"还可以刺激用户进行持续消费。对商家而言，用户的持续消费可以带来更大的利润。

（2）打折

打折主要体现在限时与限量上，目的是为了增加用户抢购的快感，但是在库存较多的情况下不宜采用打折的方式。

具体方法：将活动上线的部分商品，划入限时推广、一元秒杀等专区，以此来刺激用户消费。

效果展现：用户会为了等开抢时间而提前等候，为了打发时间，一般会在店铺浏览其他商品，一方面能够增加店铺的流量，另一方面当用户处于购买期的时候，也很容易对自己想要的商品下单，从而提升店铺的业绩。

（3）送礼

每一次活动正式举行之前，都会有一个预热期，而这个预热期的预热情况，将直接决定活动当天的销量。

具体方法：预热期进行产品推广，告知用户收藏某款产品将会获得精美小礼物一份。并且制订一个消费榜单，如果消费排在第一位，将可获得价值多少元的神秘大礼包一份。

效果展现：无论用户最终会不会购买店铺产品，都可以刺激用户点击收藏。一方面可以提升产品的权重，另一方面可以展现出许多用户想要购买该款产品。

（4）满减与满送

满减与满送这两个概念整体上差不了太多，满减的意思是用户消费达到一定的金额减免多少，而满送则表示用户消费达到了一定金额之后送什么样的礼物。

具体方法：当活动上线之后，设立一个标准。比如满 399 元则减免 100 元，满 699 元则减免 200 元，满 999 元则减免 300 元。满送可以设立为满 399 元则赠送价值 100 元的礼品，满 699 元则赠送价值 200 元的礼品，满 999 元则赠送价值 300 元的礼品。

效果展现：与满送相比，满减更能吸引用户。用户其实心里非常清楚，价值 100 元的礼品与 100 元现金是不对等的。所以相比之下，会愿意自己少花 100 元现金，而不愿意用 100 元现金换取那个礼品。

（5）优惠券

优惠券的本质与代金券差不多，都可以提前发放，并且限定或者不限定时间使用。只不过相比代金券而言，优惠券使用起来更加方便。商家所使用的优惠券如图 5-5 所示。

图 5-5 商家所使用的优惠券

具体方法：优惠券需要设置等级限制，比如分为 20 元、50 元以及 100 元三个等级。使用的限制分别为满 100 元可以使用 20 元优惠券、满 200 元可以使用 50 元优惠券、满 300 元可以使用 100 元优惠券。

效果展现：优惠券的发放可以直接让用户提前预算好自己想要的东西，只需活动开始就能立马消费。

（6）游戏竞猜

为了吸引用户的注意力，商家可以使用游戏竞猜的模式，让用户参与其中，并对猜对的用户进行低价售卖。

具体方法：在新产品正式开始售卖之前，让用户竞猜新品的价格，并设置一个价格区间，如果用户猜的价格在区间内，则可以五折购买。用户猜的精确度越高，折扣越低，条件允许的情况下，一折出售也可以。

效果展现：通过游戏竞猜，给用户营造一种未卜先知的荣誉感，促使用户参与其中。

（7）抽奖

抽奖也是用户十分喜欢的活动之一，抽奖主要是让用户觉得自己有中大奖的可能。

虽然抽奖讲究公平公正，但是在这个互联网的时代，却可以通过后台操作来设置中奖的概率。

具体方法：在活动中对每位用户进行宣传，只要在本店消费多少元，即可参与抽奖，更有机会领取大奖。

效果展现：抽奖主要是利用了用户博弈的心态，最好是让用户有一种能够以小搏大的心理，当然这里更重要的是以这种方式吸引用户进行消费。

5.2 创意活动，让运营获利更轻松

一场活动的成功离不开每个岗位的紧密配合，要想真正将小程序这款产品以活动的方式推广出去，制订一个绝佳的创意方案是必不可少的。一个具备绝佳创意的活动，不仅能为企业带来巨大的流量，还能在用户心中造成深刻的影响，让用户牢牢地记住这款产品。

许多运营人觉得自己没有创意的思维，其实无非就是想得不够多，做得不够多，学得不够多而已。本章将为大家奉献三种具有可操作性的创意类活动方案，如图 5-6 所示。

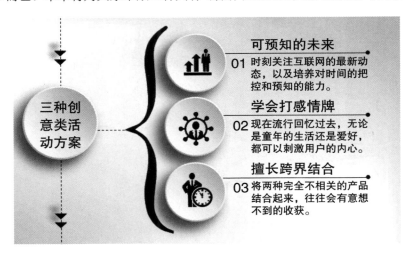

图 5-6 三种创意类活动方案

5.2.1 可预知的未来

未来是不可预知的，但又有一些是可预知的。比如节假日活动，要确定如何吸引用户，并提前做好活动的准备，这就是可预知的未来。

但是这种可以显而易见就能预知的未来，是不具有创意特性的。想要真正打造出

具有创意特性的活动，就需要抓住热点或者对未来进行预测。

案例 5-2

"双十一的卡位胜利"这个经典的案例发生在 2013 年。商家都知道双十一这一天必然会有一次激烈的厮杀，并且是以淘宝和天猫为基地的阿里巴巴为巨头的。但是这一天对于其他商家来说也至关重要，其他商家也希望能够在这一天获得丰厚的利润，这就是典型的可以预知的未来。既然能够预知，那又该如何在这一天用一个绝佳的方案来吸引用户呢？

在 2013 年的双十一活动中，苏宁易购和一号店都给出了更加吸引用户的广告词。苏宁易购的广告词为"双十一，仅一天怎么够？"，一号店则是"一天不够抢，三轮五折才够爽"。这样的创意，也为这两大电商平台带来了更多的流量。

而京东并没有以低价或折扣来吸引用户。京东以天猫双十一物流太慢导致用户收货太迟而不满为切入点，打出了这样的广告语"不光低价，快才痛快"，并且以创意广告刺激用户的内心，比如：因为购买的剃须刀物流太慢导致用户成为了原始人，由于购买的防晒霜物流太慢导致用户变成了黑人。

京东这一次的战术虽然没有拉近与天猫本身的差距，但也使其用户消费数量取得了突破性的进展，并且三天内完成了 25 亿的营业额。

这就是电商行业在预知未来上取得的成功，小程序中比较成功且经典的案例就是制作圣诞帽了。当时在圣诞节即将来临之际，许多用户的微信头像都戴了一顶圣诞帽，瞬间在朋友圈刷屏。大家只需要使用其中的功能，将自己的头像放入其中，就能快速生成一顶戴着圣诞帽的头像。

可以预知未来的活动非常多，当然这也取决于运营人员是否能够把握时间，并且提前做好相应的准备。否则等该热点或者节日都已经过去了，开发出来的产品哪怕再好也不会有用户使用的。

5.2.2 学会打感情牌

所谓打感情牌就是引起用户回忆，尤其是 80 后和 90 后这两代人，他们的生活变化是最大的。这两个年代的人见证了太多，从贫穷到富有，从梦想到实现。因此，长大了之后，对于他们来说，小时候的事，曾经玩过的游戏，追过的电视剧，喜欢过的明星都是非常值得回忆的。如果作为运营人员能发起一起回忆杀的活动，相信会吸引许多用户参与。

案例 5-3

打感情牌的经典案例之一莫过于"欠星爷的电影票该还了"，如图 5-7 所示。无论这句话是公关运营人员想出来的营销文案，还是普通用户无心的一句话，大家都会接受。以往用户对于一些公关公司的恶意炒作，都是非常厌烦的。但是这次无论怎样，大家都会非常乐意接受。因为星爷对于这两代人来说，是伴随了整个童年的搞笑达人。年幼时的他们买不起电影票，只能通过星爷的盗版电影来打发儿时的时光。而现在星爷老了，这两代人长大了，进得起电影院，买得起电影票了。其实大家都非常清楚，还的不是星爷那几十块的电影票，而是纪念那逝去的童年。

| 为什么说欠星爷一张电影票 | 📷 | 百度一下 |

 https://zhidao.baidu.com/quest... ▾ - 百度快照

为什么有人动不动就说欠星爷一张电影票？_虎扑
2017年2月7日 - 有时候觉得很好笑，口口声声说欠星爷一张电影票，结果星爷电影上映了，又说星爷欠他们一... 有时候觉得很好笑，口口声声说欠星爷一张电影票，结果星爷电影...
https://m.hupu.com/amp/bbs/184... ▾ - 百度快照

为什么说我们都欠星爷一张电影票？
2018年1月23日 - 星爷在电影界的贡献不仅仅是几部电影，而是关于几代人的情怀。 很多话说多了便成了矫情，可是为什么那么多人愿意矫情的说:"我还欠星爷一张电影票"，是...
baijiahao.baidu.com/s?... ▾ - 百度快照

为什么我们欠星爷一张电影票?_电影吧_百度贴吧
128条回复 - 发帖时间: 2015年12月26日
为什么我们欠星爷一张...最近总是听说我们都欠周星驰一张电影票?为什么这么说呢?周星驰电影的票房是香港电影房的支柱，好多部电影都是当年票房的冠军。那为什么我们...
tieba.baidu.com/p/4235... ▾ ∨3 - 百度快照

别一提周星驰，就说欠他一张电影票_娱乐_腾讯网
 [视频] 时长 02:06
2015年9月16日 - 现在好像只要提周星驰 大家都一副欠张电影票的样子，别矫情了好嘛朋友们?且不说其实我们谁也不懂周星驰，私...
ent.qq.com/a/20150916/01... ▾ - 百度快照

单纯吐槽人人都欠星爷一张电影票这句话_娱乐八卦_论坛_天涯社区
2016年2月15日 - 装b酒喝多了余劲没过，搞不明白为什么非要把功劳按到周星驰的头上，他演的时候...我只想说我没有见过这句话里有"人人"的，都是说"我欠星爷一张电影票...
bbs.tianya.cn/post-fun... ▾ - 百度快照

图 5-7 欠星爷的电影票搜索示意

如果你觉得星爷是大明星，这样的案例无法模仿，那还有一个经典案例，这个案例的成功缔造者，只不过是一位没有名气的歌手。

案例 5-4

《机器铃砍菜刀》这首歌大家应该不会忘记吧，完美的回忆杀。虽然是以方言形

式演唱的，哪怕有些用户听不懂，但是只要听着旋律也不禁鼻子酸酸的吧。曾经有用户在知乎评论，说听着这首歌看着视频里的 MV，我哭了。机器铃砍菜刀 MV 如图 5-8 所示，看到这张图，你心里是不是也是酸酸的？这首歌的作者是 80 后，但是传唱的程度极其广泛，年龄段几乎 70 后、80 后、90 后甚至 00 后都有所涉及。

图 5-8 机器铃砍菜刀 MV

这首歌的成功在于激起了听众心中的回忆，回忆是一种不忍想起又舍不得放下的情愫，正是因为有了这样的情愫，大家才会长大，才会越走越远。

具体操作方法如下：

①收集一些值得纪念的照片、视频或者游戏。

②发起一个带有话题性的活动。

③吸引用户进行参与和评论，比如：你玩这款游戏多久了，还记得那些值得回忆的事吗。

④对评论点赞最高的用户，进行礼品的回馈。

打感情牌营造回忆杀，是一种十分经典的创意活动方法。现在自媒体流行的年代，我们也经常可以看到一些自媒体人发布一些儿时的照片，以此来吸引用户的点击，获取流量。

5.2.3 擅长跨界结合

曾经在互联网上流传着这样一句话："你不改变，你的同行会来帮你改变，甚至是跨界将你改变。"所谓跨界，通俗一点的理解就是，比如我是卖衣服的，但我或许哪天心情好，搞一款音乐产品出来，可能就将原本做音乐的你给搞垮了。

跨界其实在现在这个社会非常常见，爱情公寓里的胡一菲曾经说过这样一句台词："现在演戏的都去唱歌了，唱不了歌的都去写书了，写不了书的都去演戏了，演不了戏的就又去唱歌了，演艺圈是圈嘛。"现在不仅演艺圈是个圈，各行各界都是个圈。跨界合作，早已经不是什么新鲜事了。

案例 5-5

由于纸质媒体的时代已经过去了，日本一家报纸媒体公司为了拯救自己的企业，找到了一家制作矿泉水的公司，希望将自己的报纸印在矿泉水的瓶身上，在达成协议之后，就出现了纸媒与矿泉水结合的经典之作，如图 5-9 所示。而且该矿泉水无论是瓶身还是瓶盖的玩法也非常多，如矿泉水的瓶盖内设置了一款计时器，到某个时间点则会弹出一个小旗帜，上面写着"是时候喝水了"。

这款创意跨界的产品，很快吸引了年轻人的好奇心，并且席卷了整个日本地区。最终不仅带动了纸媒的销量，也提升了矿泉水的销量。

图 5-9 纸媒与矿泉水的结合

具体实操方法：

①寻找能够与之相合作的产品，比如企业是卖衣服的，可以在衣服上设计一些个性化的文字和动作等。

②通过各大宣传网站上进行预热，告知用户即将推出一款全新的产品。

③设置限量抢购流程。

国内外还有许多其他跨界结合的经典案例，比如：网易云音乐与美特斯邦威合作的音乐内裤，热点新闻与啤酒（珠江啤酒），法国电信运营商与卢浮宫等，都值得借鉴。

5.3 活动结束，数据分析的开始

通过 5.1 和 5.2 两个章节，大家应该都很清楚如何对一款产品进行活动运营了。那么是不是活动运营到这里就结束了呢？当然不是，做一场活动就像阅读一本十分有价值的书，从打开书的那一刻称之为开始，阅读到最后一个字还不能称之为结束，真正的结束是要合上书本。

现在互联网上的活动十分常见，每一次成功活动的背后都有运营人员无数的心血。比如上线前的资料收集、用户调查、功能开发，上线中的市场推广、咨询对接，这一系列的工作，使得运营人过着忙碌而又充实的生活。

但是当活动结束之后，领导往往都会问"活动反馈的效果怎么样，有多少新用户，带来了多少订单"等等，因此对于运营人员来说，还有更重要的事要做——活动分析总结。

由于每家公司所做的活动方式、运营方法、投放渠道不一样，所以本章所讲解的活动总结，都是围绕一些常见的数据入手。

5.3.1 来访者数据：PV 值与 UV 值

PV 值与 UV 值所针对的对象为网站，既然是活动投放，就会形成对比。但是不能单一地将活动当天的数据发送给领导，而是要将之前的数据与活动当天的数据进行对比，这样才能非常直观地让领导知道这次活动带来的效果。

知识补充：PV 值指的是用户访问网站的浏览量，UV 值指的是独立访客。

（1）活动时与非活动时

活动时与非活动时的数据肯定是不一样的，那么怎样去收集呢？

具体操作方法如下：

①注册一款能够统计到访客数据的工具，比如：CNZZ 或者 51la。

②获取统计代码，并且让程序员添加到网站根目录。

③验证生效之后，即可看到 CNZZ 统计网站数据如图 5-10 所示。

网站概况（2018-05-06）

下载报表

统计开通日期：2017-03-21　　CNZZ网站排名：-　　查看Alexa排名

	浏览次数(PV)	独立访客(UV)	IP	新独立访客	访问次数
今日	0	0	0	0	0
昨日	0	0	0	0	0
今日预计	-	-	-	-	-
昨日此时	0	0	0	0	0
近90日平均	0	0	0	0	0
历史最高	54 (2017-03-21)	7 (2017-03-31)	14 (2017-03-31)	6 (2017-03-21)	19 (2017-03-21)
历史累计	269	80	87	-	-

图 5-10 CNZZ 统计网站数据

④收集活动当天与非活动期间的数据进行对比。

⑤做出相应的数据总结。

（2）数据跟随活动周期而定

某些企业为了加大活动的力度，会持续推广某次活动，以此来吸引更多的用户。为了能够更好的区分效果，运营人员必须要控制好数据的对比时间。如果活动时间过长，最好能够统计出该活动时间内的数据走向，从而判断活动时间延长是更加吸引用户，还是会导致用户流失，并进行详细的数据记载。

（3）与往期活动进行对比

活动其实都是差不多的，为了更好地判断此次活动带来的效果，有必要与以前同类型的活动进行一个数据对比，在运营人员的角度可以称之为环比与同比。

知识补充：环比指的是现在的统计时间段与上一个时间段的对比；同比指的是与

前一年同一时间段的比较。

具体操作方法：

①为了更加精确地做出对比，首先需要下载相关软件，比如：BDP，如图 5-11 所示。

图 5-11 环比与同比软件

②统计出上一个活动时间段的数据，以及当前活动时间段的数据。

③计算出当前活动的投入与产出形成的转化，以及上一个活动的投入与产出形成的转化。

④通过对比得出活动效果的直观展现。

5.3.2 注册用户数量分析

现在无论是 APP 还是小程序都有访客的数据，但访客对于运营人员来说只是增加了流量，想要判断一次活动成功与否，单单看流量是不够的，如果这些访客不在平台上进行注册或者消费，基本可以定义为无效用户。

有效用户的数量可以通过注册量来分析，但是如今的网站，还有 APP 都能够非常精确的计算出用户的注册量，而小程序登录需要微信授权，也可以默认为用户注册。

（1）注册对比

因为产品每天都在做运营，自然每天都会有新用户进来。如果有活动在推广，用户的注册量肯定也会远高于平时。所以不妨统计一下，在活动运营的时间段内，有多少新用户注册。而且还可以统计一下，如果活动时间较长，注册的新用户会不会根据时间形成一个上升的趋势。

（2）有效删选

现在用户注册的方式非常多，因此必须要牢牢把控，不能为了一些虚假的数据而放开用户随意注册。一些常见的用户注册方式如图 5-12 所示。

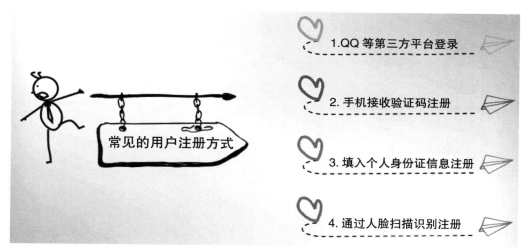

图 5-12 常见的用户注册方式

第一种是 QQ、微信以及微博等第三方平台授权注册，只需要一个简单的社交账号就可以直接登录；第二种是手机验证码注册，需要通过接收短信验证码才能注册；第三种是身份证绑定注册，需要通过身份证和姓名的核实才能注册；第四种是人脸识别注册，不仅要有身份证信息，还需要通过本人人脸扫描，才能注册成功。

杜绝方案：

①坚决杜绝第一种注册方式。

②实力不强大，最好不要使用第四种方式。

杜绝理由：

①现在批量注册的软件太多，很低的成本就可以注册大量用户，对于做活动来说，只是增加了用户的注册量，却不是有效用户，没有任何意义。

②在这个用户信息到处售卖的互联网环境下，如果企业没有绝对的公信力和能够吸引用户必须参与的能力，用户是不会选择人脸识别这一麻烦操作的。

推荐方案：

第二种和第三种注册方法都可以，身份证绑定注册相比手机验证码注册更加真实，但是具备更多不稳定的因素。

推荐理由：

①相比第一种与第四种，这两种方案更加容易被用户接受。一个短信验证码就能注册是非常方便的。但是能够不通过手机而直接使用软件接收验证码的情况，在互联网上也是存在的。

②不稳定因素主要在于，有些用户认为接收短信验证码还可以接受，但是涉及身

份证的问题就会选择放弃了。

（3）用户真实性

用户在参与活动的时候，操作越仔细，代表用户越真实。真实的用户才是能够为企业带来利润的用户。

具备多年经验的运营人员，一定会在用户注册这一关卡得非常严格，从而保证用户的真实性。

5.3.3 用户转化情况分析

活动除了吸引新用户注册之外，还有更重要的目的，就是让用户产生消费，也就是转化。只要用户在活动期间，执行了成功付款的行为，都可以称之为成功转化。

活动完毕之后，统计的用户转化情况也分为两种，一种是人数转化，一种是消费转化，如图 5-13 所示。企业想要获利，判断的依据第一就是人数，人数越多自然获利就越多；第二就是消费，消费越高获利也就越多。

图 5-13 用户转化情况

（1）人数转化

人数转化主要指的是有多少用户在活动期间产生了消费。

具体操作方法如下：

①统计活动期间新用户的注册总数，比如注册总数为 1000 人。

②统计活动期间有多少新用户进行了消费，比如消费总人数为 600 人。

③计算出转化比例，用 600/1000 等于 60%。

④核算预估转化比例是否达标。

（2）消费转化

消费转化主要指的是用户在活动期间消费了多少钱。因为每个用户消费的金额是不一样的，所以在这里只能计算平均消费。

具体操作方法如下：

①统计总消费人数，比如总消费人数为 600 人。

②统计总消费金额，比如总消费金额为 100 万元。

③计算出人均消费，1000000/600 等于 1666 元。

④扣除掉人工成本，渠道成本，广告成本，最后得出利润，看看产生的利润是否达标。

（3）做出总结

对人数未达标的情况，要分析为什么注册的用户不消费，并判断这些用户是否为无效用户。如果为无效用户，在后期活动的时候需要更加严格把关。如果为有效用户，则可以进行适当的回访，询问对方没有消费的原因。

询问时不能带有责备的语气，而应该以平和的语气回访，比如："您对此次活动是否存在意见呢？您的建议公司将会采纳，以保证您下次参与活动体验更好。"。

同时还要统计出用户的消费水平，针对大多数用户的消费水平，将产品进行重点推广。

5.3.4 活动投放渠道分析

正所谓"巧妇难为无米之炊"，再好的运营没有合适的推广渠道也无法为企业带来利润。现在互联网上的推广渠道非常多，如百度竞价、新媒体平台、微信渠道等。活动结束之后，应详细统计出各个渠道的投放数据，以投放的成本与产出的利润高低作为标准，删选出可以继续合作的渠道。

（1）渠道收集

具体操作方法如下：

①创建 N 个 excel 表格。

②将表格名称命名为对应渠道名称。

③列举一些常见的推广渠道，比如：百度竞价、今日头条、新浪微博、微信公众号等。

注意：不同的行业存在不同的推广渠道，以医疗行业为例，比如：39 健康网、寻医问药、120ask 以及中华康网等，都是可以合作的推广渠道。

（2）数据收集

具体操作方法如下：

①在表格里填入投放时间、金额、用户注册人数、咨询人数、消费人数、消费金额等项目。

注意：以上项目均为大众分类，具体的详细项目，请根据公司的内部需要而定。

②将活动期间获得的数据分别填入表格内。

③计算出每个渠道投放的最终成本以及利润。

④根据计算出来的成本和利润做相应的数据总结。

本章只是大致介绍了在活动结束之后，运营还需要统计的一些常见数据。而具体工作事宜还是需要根据不同的活动而收集不同的数据。但是要记住，数据做出来永远不是给领导或者自己看的。一定要从数据中发现问题，总结经验，避免问题。这样无论是运营活动，还是运营人员的个人水平，都将得到显著提升。

第6章

小程序的核心：产品运营

　　小程序本质上也是一款产品，如何将这款产品做成功是运营的关键。产品运营包含的方面有很多，主要可以从内容建设，用户维护以及活动策划三个层面展开。对小程序而言，内容建设相对来说较为弱化，用户维护和活动策划也已经在第4章与第5章详细地讲解过了。因此本章将重点为大家讲解围绕产品本身而展开的一系列运营方法。

6.1 产品到手，运营最先做的事

产品运营其实从产品有初步想法的时候就已经开始了。对运营人员来说，则是从产品拿到手上的那一刻开始的。

那么当产品到运营人员手上的那一刻，最先做的事应当是什么呢？

答案只有两个字，那就是"预热"。小程序这款产品真真正正上线是在2017年1月，但却在2016年9月就已经开始内测了，这就是预热。

产品在未上市之前，对其进行市场的预热，可以变相提升产品在用户心中的价值。通过预热，让产品在未上线之前就在用户心中留下深刻印象，未来参与的用户就会越多，未来的市场前景也会越明朗。

6.1.1 利用广告媒体曝光

现在是互联网时代，各类媒体平台非常多，利用媒体曝光也就成了最常见的一种预热方式。现在的用户基本上都会安装一些常见的社交媒体软件，对一些大型的媒体而言，因为具备一定的用户群体，并且品牌权威性强，所以很容易引起用户的关注。拼多多媒体曝光如图6-1所示。

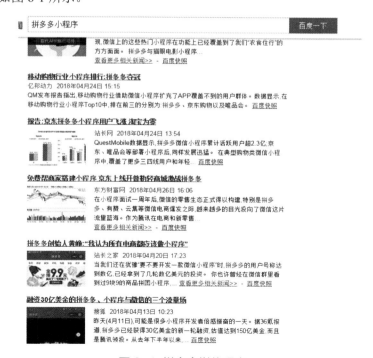

图 6-1 拼多多媒体曝光

利用媒体曝光一般有付费和免费两种方式。付费的平台多为一些大型的企业，比如四大门户网站，较为出名的行业网站等。而免费的平台，则是现在比较流行的自媒体渠道，分类信息网等。

付费平台具体操作方法：

①找一些做软文发布的渠道商，可以通过软文营销群进行寻找。

②与对方签订协议，发布关于产品宣传的软文。如果对方平台允许的话，尽量发布一些包装性的新闻，比如：注册即送大礼包等，以此来吸引用户直接使用产品。

③在资金充足的情况下，尽量找一些大型平台发布，因为大型平台的权威性更好，可以取得用户的信任。

④在资金充足的情况下，尽量多发布一些渠道，多渠道推广可以大范围地增加产品的曝光度，提升在用户心中的地位。

⑤该方法适用于大型有实力的公司，对市场把控十分得当的情况下，可以进行大资金的投入。

免费平台具体操作方法：

①寻找能注册的自媒体平台，如：百家号、搜狐自媒体、微信公众号、大鱼号等。

②提交相应的注册资料。

③等待审核通过之后，进行软文的编辑和发布。

④该方法适用于中小型企业，最好配备一个软文营销高手，巧妙地将产品植入到文章中去。

其实不管是付费渠道还是免费渠道，对于运营来说都是至关重要的。产品运营不仅仅是围绕产品那么简单，还应关注产品上线之后如何在用户心中引起反响和加深用户的印象。

6.1.2 明星效应，为产品代言

利用明星进行产品宣传，早已成为了大家所公认的一种营销模式。明星代言的成功案例非常多，下面为大家介绍一个比较出名的案例。

案例6-1

美颜相机是无数女孩子喜欢的一款产品，虽然美颜相机拍出来的样子与真实的自己相差很大，甚至衍生出了"照骗"这一词汇，但是依然阻挡不了女孩子爱美的心。该产品正是抓住了用户爱美的心理，最终取得了巨大的成功。

美颜相机的代言人是杨颖，如图6-2所示。作为明星，加上与教主黄晓明的结合，杨颖一直都是热门人物。在代言了美图手机之后，美图顺势签下了她，让她继续担任美

颜相机的代言人。

美颜相机的广告语"好看不用别人说，好看就是喜欢自己"，不仅完美结合了美颜相机的品牌理念，更是触动了女性心中的软肋，想让自己变得更美。

美颜相机的成功可以归纳为两点。第一是代言人杨颖作为明星，在用户心中是一个正面的公众人物；第二是美颜相机确实能够很好地帮助用户，满足用户心中的需求。

明星代言一直都是非常有效的营销手段，但是代言费也是非常高的，一般中小企业应当慎重考虑。

具体操作方法：

①寻找互联网上的公关公司,协商与哪位明星达成合作。

②对自己想要表达的形式进行确定。

③拟定合同，明确相关事宜。

④拍摄代言广告，进行后期处理。

⑤渠道投放，比如：爱奇艺、优酷等大型视频网站。

图 6-2 杨颖代言的美颜相机

虽说找明星代言是一种能够快速打响自己产品知名度的方式，但是如果寻找的明星对象不合适，就会有一种"搬起石头砸自己的脚"的感觉。

注意事项：

①考虑好公司的推广投入成本。

②尽量选择口碑较好，且受绝大多数用户喜欢的明星做代言。

③产品一定要保证质量（许多老牌明星代言的产品，都因为质量不行而无法被用户接受，最后退出市场），明星永远只能起到吸引用户的作用，产品的质量才能让企业走得更远。

6.1.3 搭建产品社区或社群

现在很多产品的运营者为了能够及时了解用户的使用情况，都会搭建与产品有关的圈子，这个圈子可以称为社区或者社群，而用户通过浏览圈子里的消息，也能第一时间掌握产品的最新动态。

因此，在做与小程序有关的产品运营的时候，也要搭建一个圈子。目前主流的社区和社群如图 6-3 所示，通过对这些圈子的搭建，可以快速积累一批种子用户，通过给予这些种子用户一些福利，让他们进行宣传也是非常有效的营销方式。

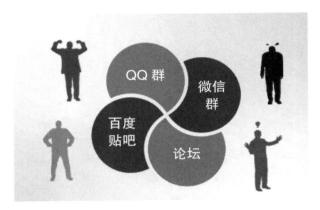

图 6-3 目前主流的社区和社群

（1）创建 QQ 群

具体操作方法如下：

①登录 QQ，点击列表的第三栏，并点击下方的创建 QQ 群，如图 6-4 所示。

图 6-4 创建 QQ 群

图 6-5 创建群主栏目

②进入创建群主栏目界面，如图 6-5 所示，选择对应的类别。

③填入相应的群信息，如图 6-6 所示，填好后点击下一步。

④点击完成创建即可成功创建一个 QQ 群，如图 6-7 所示。运营者可以在推广的过程中，通过分享和发布 QQ 群号来吸引用户加入。

图 6-6 填入相应的群信息

图 6-7 成功创建 QQ 群

（2）创建微信群

具体操作方法如下：

①登录微信，并点击右上角的加号，如图 6-8 所示。

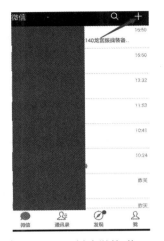
图 6-8 创建微信群

图 6-9 选择好友界面

图 6-10 成功创建微信群

②进入选择好友界面，如图 6-9 所示，添加好友时应至少添加两人，包括自己在内三人。

③点击详细，即可修改群昵称，成功创建微信群，如图 6-10 所示。

（3）创建百度贴吧

具体操作方法如下：

①登录百度账号，并在百度搜索框内输入"百度贴吧创建"，进入后输入百度贴吧名称，如图 6-11 所示，并点击创建贴吧。

图 6-11 输入百度贴吧名称

②进入审核阶段，一般审核周期为 2~3 个工作日，如图 6-12 所示。

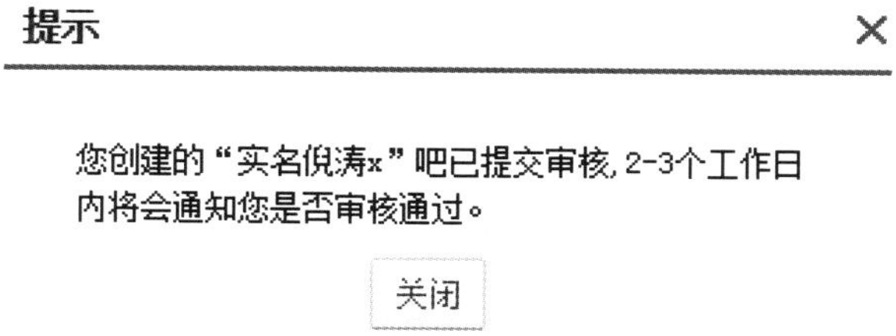

提示 ✕

您创建的"实名倪涛×"吧已提交审核,2-3个工作日
内将会通知您是否审核通过。

关闭

图 6-12 百度贴吧进入审核阶段

③贴吧成功审核之后可以在百度搜索引擎当中直接看到，百度贴吧创建成功如图 6-13 所示。

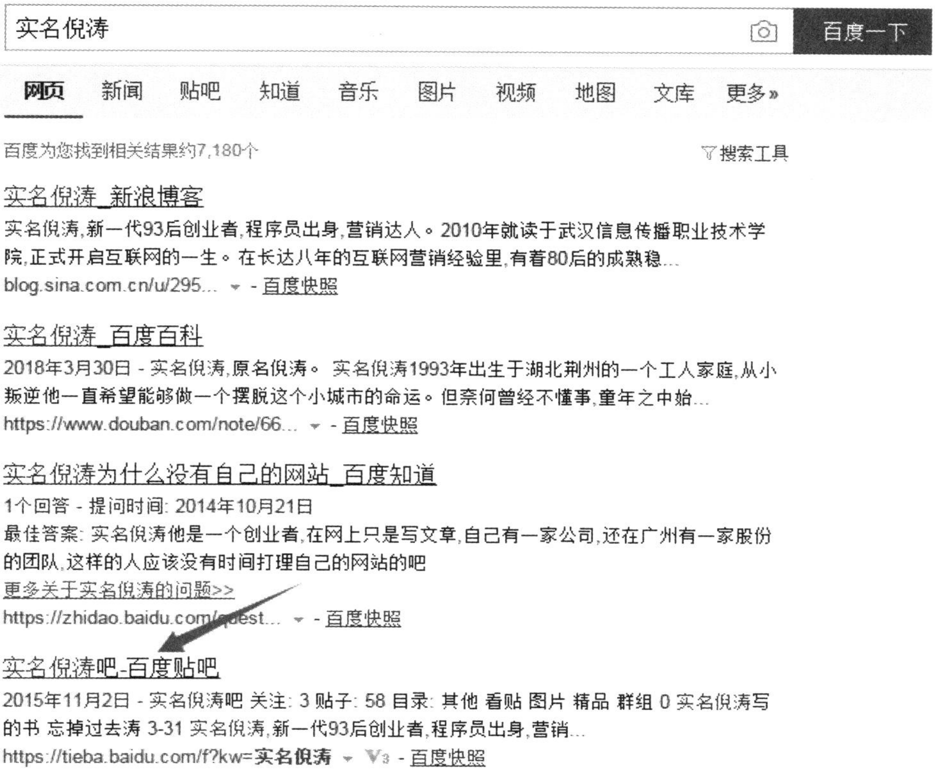

实名倪涛 📷 百度一下

网页 新闻 贴吧 知道 音乐 图片 视频 地图 文库 更多»

百度为您找到相关结果约7,180个 ▽搜索工具

实名倪涛_新浪博客
实名倪涛,新一代93后创业者,程序员出身,营销达人。2010年就读于武汉信息传播职业技术学院,正式开启互联网的一生。在长达八年的互联网营销经验里,有着80后的成熟稳...
blog.sina.com.cn/u/295... ▾ - 百度快照

实名倪涛_百度百科
2018年3月30日 - 实名倪涛,原名倪涛。 实名倪涛1993年出生于湖北荆州的一个工人家庭,从小叛逆他一直希望能够做一个摆脱这个小城市的命运。但奈何曾经不懂事,童年之中始...
https://www.douban.com/note/66... ▾ - 百度快照

实名倪涛为什么没有自己的网站_百度知道
1个回答 - 提问时间: 2014年10月21日
最佳答案: 实名倪涛他是一个创业者,在网上只是写文章,自己有一家公司,还在广州有一家股份的团队,这样的人应该没有时间打理自己的网站的吧
更多关于实名倪涛的问题>>
https://zhidao.baidu.com/quest... ▾ - 百度快照

实名倪涛吧-百度贴吧
2015年11月2日 - 实名倪涛吧 关注: 3 贴子: 58 目录: 其他 看贴 图片 精品 群组 0 实名倪涛写的书 忘掉过去涛 3-31 实名倪涛,新一代93后创业者,程序员出身,营销...
https://tieba.baidu.com/f?kw=实名倪涛 ▾ ▼3 - 百度快照

图 6-13 百度贴吧创建成功

（4）创建论坛

创建论坛相比以上三种方式来说比较复杂，而且论坛是一个独立的网站，运营起

来十分困难。因此如果没有专门的网站开发人员以及运营维护人员，要慎重使用该方法。由于操作复杂，而且学习起来比较困难，所以这里只是为大家简单做一个流程介绍。

具体操作方法如下：

①注册并购买一个独立的域名和空间。

②在互联网上下载一套论坛类型的开源程序，比如：discuz 或 phpwind。

③安装好程序代码，配置好相应的文件。

④搭建好各自的板块，配备好相应的版主进行日常维护。

⑤以梦幻西游论坛为例的效果展示如图 6-14 所示。

图 6-14 梦幻西游论坛

6.2 产品运营，打造品牌是关键

现在许多运营人很容易走进一个误区，那就是将产品的销量定在第一位，而忽视了品牌的塑造。当然这个问题主要还是老板的原因。在这个挣快钱的年代，一些中小企业的老板始终坚信钱到手上才是钱。而运营人员只是一名员工，只有从接手产品的那一刻开始，以最短的时间为老板获利，才能证明自己的实力。

其实对运营人员来说，再小的企业也需要塑造自己的品牌，只有品牌树立起来，自己和企业才能走得更远。

6.2.1 搭建品牌影响力

经常会听到一些运营人员抱怨"为什么想要做好一款产品，越来越难？"其实在我看来，并不是产品不好做，而是运营人员自己所做的工作还不够。

通过与这些运营人的交流，我发现他们在运营一款产品的时候，核心永远在销售环节而忽略了传递。所以作为运营人一定要记住，运营是在做营销而不是销售，这两者之间是有很大区别的。

在我心里营销是讲究布局的，所以在运营一款产品的时候，我会布局一盘很大的棋，虽然前期很累，但是在后期躺着就能收钱；而销售则是不停的推销，有一单卖一单的奔波下去。因此，作为运营人员，要做营销而不是销售。

现在想要运营好一款产品确实没有以前那么简单，但是在这个信息传播速度越来越快的互联网时代，为什么有些产品却能瞬间引爆用户呢？归根结底，靠的就是"影响力"。

（1）产品要推，品牌更要推

现在是一个同质化非常严重的年代。任何一款产品，都有许多不同的商家在竞争。为什么同一类商品的价格差距会很大呢？除了质量因素之外，很重要的一个影响因素就是品牌了，也就是影响力。

塑造产品的品牌，不仅能够给企业带来丰厚的利润，更能满足用户的内心。所以在做产品运营的时候，一定要重视品牌效果。

具体操作方法如下：

①在一些大型平台发布产品，对产品进行包装的同时，提醒用户注意到产品的品牌名称。

②对产品的名称，也就是品牌词进行推广，并记录品牌词的访客。

③如果已经大力推广品牌词，但是依然没有查到数据，可以通过百度指数购买该品牌词，费用 50 元 / 年。

④随时观察该品牌词指数的变化情况，以此来判断品牌的搜索量是否在不断上升。

百度指数关键词购买及查看方法：

①打开百度搜索引擎，并在搜索框内输入"百度指数"，点击进入百度指数首页。

②输入想要查询的关键词并查看相应指数，实名倪涛的百度指数如图 6-15 所示，如果显示为未被收录，则表示该品牌词目前搜索偏低。

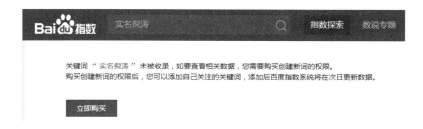

图 6-15 实名倪涛百度指数

③如果想要查看该品牌词的指数，可以点击立即购买，如图 6-16 所示。

创建新词

百度账号：　忘掉过去涛

关键词数：　[− 　**1**　 +]

　❗（您在2018-12-31前，还可购买96个加词权限）

有效时间：　1年

应付金额：　**50元**

☐ 同意并接受《百度指数创建新词服务条款》

[立即购买]

图 6-16 购买关键词指数

④购买完毕之后，则可以正常看到该品牌词的指数情况。以拼多多的百度指数为例，如图 6-17 所示。

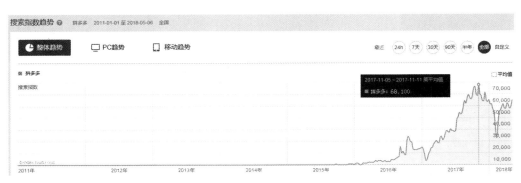

图 6-17 拼多多百度指数

从上图可以看到，拼多多从 2015 年年底开始打造该品牌，当时也处于无人搜索的状态。而 3 年后的今天，拼多多俨然已经成为了继淘宝和京东之后的第三大电商平台，这就是品牌搭建的效果。

（2）知道品牌，接受品牌

想要用户知道某件产品的品牌其实并不难，只要尽可能地曝光该产品的名称即可。但是这对产品运营而言还是远远不够的，产品运营的最终目的还是希望用户能够接受产品。

具体操作方法如下：

①引导用户使用，任何产品都有一个测试阶段，让用户使用才是关键。

②尊重用户需求，完善用户建议，通过不断改进产品的问题来满足用户的需求。

③树立公益形象。如果企业能够做到取之于民，用之于民，会更加受到用户的青睐。

④严格把关产品，杜绝负面新闻。用户很敏感，一条负面新闻通过微博、微信就能快速发酵，由于负面新闻而导致企业倒闭的现象每年都在发生。

（3）搭建品牌，远见很重要

虽说本书一直提倡的都是方法论，弱化了大量的理论知识和思想。但是对于一个高端运营人员来说，想要真正塑造一款产品品牌，必然在开始的时候就要有自己的思想。

在没有互联网的时候，百年老店才能称为品牌。互联网诞生之后，虽然加速了品牌的诞生，但是想要成为品牌店也不是一件容易的事。淘宝与京东也是搭建了好些年才形成了今天的品牌帝国，所以作为一名运营人员，想要真正通过品牌获利，没有高瞻远瞩的思想是实现不了的。

6.2.2 品牌形成的三个特点

要想品牌具备一定的影响力，首先要考虑形成品牌的特点有哪些，在了解了品牌的特点之后才能更加有效地进行运营，品牌形成的三个特点如图6-18所示。

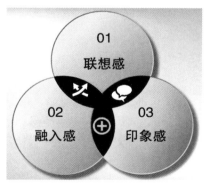

图 6-18 品牌形成的三个特点

（1）联想感

所谓联想感就是当用户使用某款产品的时候，脑海里能自发地联想到某些画面，让用户有更加深刻的印象。

举例来说，美颜相机能够如此让女性用户喜爱的主要原因是，当用户拿起美颜相机的时候，就能想象到自己变美的样子，自然而然就会想要使用了。

具体操作方法：

①调查用户潜在需求，如女性爱美，男性爱幻想，孩子爱游戏，老人爱健康等。

②根据用户需求，对产品进行设计和研发。

③推广产品，引导用户自发地联想到自己内心的需求。

（2）融入感

融入感就是和用户搞好关系，让用户能参与进来。只有让用户参与进来，让用户成为产品的主人，才会促使用户花钱购买并形成一种使用意识。

（3）印象感

这个印象感不是第一印象，而是终身印象，至少要在很长一段时间内，让用户记住。比较经典的文案广告语如下。

①透心凉，新飞扬——雪碧。

②飘柔，就是这么自信——飘柔洗发露。

③ To Be Number One——鸿星尔克。

④步步高点读机，哪里不会点哪里——步步高点读机。

相信大家对这些广告词都不陌生，而且可以算得上是耳熟能详。只要提起前面的广告词，立马就能想到后面的广告语，从而联想到产品。这就是印象感，给用户带来记忆深刻的印象，正是做产品运营的关键所在。

6.2.3 品牌成型，传播也不停

有些老板认为，早期为了宣传品牌已经花费太多金钱了，等品牌成型之后，就可以舒舒服服赚钱了。这个想法在我看来，也对也不对。对的地方在于品牌成型之后，确实可以赚钱；不对的地方在于，品牌想要持续下去，继续传播是非常重要的。

举一个最简单的例子，成立数十年的麦当劳，几乎每个人都吃过，可以说是足够大的品牌。但是他们还是每隔一段时间就会邀请当红明星做广告代言，为什么呢？因为这是一个高速发展的社会，用户会不断接受新的信息，一旦某款产品很久没有在用户面前展现，被用户遗忘也是早晚的事。

所以哪怕品牌已经成型了，如果不持续给用户新产品，新动向，名气再大的品牌也有衰败的一天。一个好的产品想要让用户接受并且持续影响下去，传播是永远不能停止的。

（1）容易传播

有些产品虽然好，但是却无法触动用户的内心，让用户传播起来十分麻烦。用户根本不会费时间去挖掘产品的优势去传播和分享，所以在做产品研发的时候要尽量去除那些繁琐的过程，让用户一眼就能发现产品的优势。

（2）自发传播

为了让用户能够帮助宣传产品，企业一般会给用户一些好处。比如分享有好礼，分享就能得到积分奖励等。这种做法也是运营的常见手段之一，当然如果能够真正做到

让用户自发地传播产品，那才是真正成功的运营。

想要让用户自发传播，最主要的是抓准用户的想法。一般来说，能够让用户自发分享的因素有三点，如图6-19所示。

图 6-19 用户自发分享的三要素

①搞笑分享快乐，这是最常见的一种自发分享的模式。用户在浏览某个笑话或者视频段子的时候，因为搞笑所以也想让身边的朋友开心开心，从而产生自发传播的行为。

②游戏分享时光，除了少数职业玩家之外，大多数用户玩游戏都是为了打发时间。当一款游戏具有一定的挑战性，并且自己获得了高分之后，用户就会产生一种虚荣心爆棚的情绪，从而分享给其他用户，以此来炫耀。

③杂文分享感悟，有些用户喜欢阅读一些比较好的文章，当他们觉得文章比较好，并且触碰到了他们内心深处的时候，就会非常乐意自发分享。

（3）案例分享：脑白金

脑白金的创始人史玉柱，曾经因为巨人网络的亏损而导致负债累累，但是最后却依靠脑白金成功逆袭。当年脑白金推出的广告词"今年过节不收礼，收礼就收脑白金"，现在都十分流行。

正是由于恰到好处地找准了目标群众的痛点，迎了用户的需求，而且产品质量也做好了保障，再加上广告语的押韵和谐，用户才对这款产品津津乐道，广泛传播。

6.3 经典产品运营案例，江小白的成功之路

提起江小白大家都不会陌生，哪怕你没有喝过都应该听说过。其实在江小白问世之前，白酒的市场一度被五粮液和茅台这两大巨头平分。但是在它问世之后，白酒市场俨然形成了三足鼎立的局面。并且江小白又依靠超高迎合现代年轻人的市场，而一度赶超五粮液和茅台。

对年轻人来说，一般都会喝红酒或者啤酒，因此白酒的市场越来越难做。白酒厂商认为年轻人不懂白酒，江小白却反其道而行之，提出"并不是年轻人不懂白酒，而是曾经的白酒不懂现代的年轻人"。

江小白在五粮液与茅台等巨头占领的市场中，以极其简单纯粹的思想为基础，配

合一篇篇走心的文案，吸引了众多的年轻人，哪怕不懂白酒、不会喝白酒的年轻人都想要尝试一下。

本章将重点为大家介绍江小白是如何在竞争激烈且成熟的白酒行业中，只用了不到五年时间就将这款产品塑造成功的历程。

6.3.1 忘掉定位，想想动机

这里说的忘掉定位指的是忘掉那些老套路的定位方式，比如市场定位、调查市场、分析市场。这些方式在十多年前就有了，拿到现在的运营中就不一定合适了。

继续以白酒行业为例，如果一个普通的运营人员去操作这款产品的话，他的思路基本就是首先确定白酒种类，然后分析哪种酒市场最好，最后就专挑市场最好的酒去做。

可是有市场就一定有销量吗？当酒被酿造出来之后，如果发现市场早已经饱和，只能又是一次失败的产品。

面对这样老套的运营思路，江小白放弃了所谓的定位，开始从动机入手。所谓的动机，就是指为什么要做这件事。

那么用户想要喝酒的动机是什么呢？江小白通过了解，将动机归纳为三个场景，当这三个场景出现的时候，用户就会有想要喝酒的冲动，这三个场景如图6-20所示。

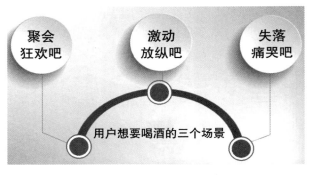

图6-20 用户想要喝酒的三个场景

（1）聚会狂欢吧

每逢周末叫上三五个好友坐在一起，聊聊人生，谈谈理想。在难得的周末，放下疲惫不堪的身体，喝上一口江小白，放松放松。不用为了工作而发愁，不用为了感情而发愁，只是单纯的闲聊，同事之间，朋友之间，同学之间，只有一个字"干"。

（2）激动放纵吧

每个人都有目标和压力。想要拥有爱情首先得表白；想要取得高薪首先得面试；想要晋升高层首先得带好团队；想要有一次说走就走的旅行首先得辞职。无论是表白、面试、晋升还是辞职，对于用户来说都是压力。

当我们表白成功，面试成功，晋升成功，辞职成功就相当于放下了压力。没有压力的时候是放纵的，犒劳犒劳自己的付出，来喝一杯吧。

（3）失落痛哭吧

有句话叫"借酒消愁"，尤其是对于男性来说，面对各种压力，如大学时前途迷茫的压力，毕业之后车贷房贷的压力，成家之后父母小孩的压力等，他们有时候也会累。但累了之后，还是要笑着前进。

当累到即将崩溃的时候，只能用酒来麻痹自己，唯有酒才能带来一场真正的大哭。

江小白为这三种场景打造了不一样的产品，其核心宗旨就是，年轻人不应该回避、惧怕自己的内心，而应该勇于面对，做自己，给自己短暂的放松，才能让自己走的更远。

正是这种不单纯考虑产品的定位，而从用户动机出发的思路，帮助江小白在这个市场饱和、巨头垄断的白酒行业，打开了一片新的天地。

6.3.2 贴近用户，把握年轻

"如果你不进步，不迎合时代，不去关注年轻人，那你早晚会被淘汰，无论你是企业还是个人。"江小白的成功，让我想到了这样一句话。就像前面所提到的，茅台和五粮液历史悠久，但那也只能是上个世纪的产物。当现代年轻人都不喝白酒，靠那些中老年人还能维持多久呢？而江小白的出现，无疑解决了这一难题。

其实"年轻人不懂白酒"这句话是对的，因为年轻人还没有到懂白酒的年龄。如果茅台和五粮液不主动让年轻人去懂白酒，再到所有的中年人都不再喝白酒的时候，白酒这一产品也就真的成为过去了。

（1）绝佳文案，用户依然年轻

"要是没了这股劲，未来又怎会有奔头"，江小白经典文案如图 6-21 所示。这句文案运用了巧妙的结合思维，作为白酒自然有劲，这个劲与年轻人的冲劲巧妙地结合在了一起。年轻人没了冲劲，无法走向未来，而江小白没了冲劲，也将没有未来。

在当今鸡汤文学泛滥的年代，励志的作用已经不大了。但是江小白是一款提倡白酒文化的产品，它的文案并不是为了激励现代的年轻人，而是恰到好处地对现代年轻人进行真实写照。

这既符合了江小白年轻的企业文化，也符合了当代年轻人不忘奋斗的思想。

图 6-21 江小白经典文案

（2）亲近用户，拉近距离

对年轻人来说，白酒的距离可能并不远，但如果是茅台和五粮液这种高档的白酒，可能就有一定的距离了。

而江小白首先以极其简单朴素的名称给用户留下印象，再配上一句句走心的文案，更是让用户牢记在心。

在这个年轻人生活的互联网时代，100个年轻人当中可能至少有90人听说过江小白，并且被江小白的文案深深吸引。在想喝白酒的时候，年轻人会认为，江小白更懂我，喝它更舒心。

这就是江小白的成功之处，依靠亲近用户，拉近与用户之间的距离，不断地俘获80后、90后的内心，成为了那些迷茫且不断奋斗的年轻人心中的情感寄托。

6.3.3 改变价值，从掌握用户开始

现在许多企业在创造出一款产品之后，第一步就是不断地拉代理、分销商、加盟商，或者采用各种老套的营销模式，根本没有考虑用户的想法。

对于白酒市场来说，在各大渠道商都形成稳固状态的今天，要想他们代理一款还未上线的产品是非常困难的。所以江小白并没有向渠道商推销自己的产品，而是让渠道商自己来代理产品。

江小白将所有的精力都放在吸引用户上面，尽全力在用户面前曝光并让用户记住，江小白在用户面前曝光的方式如图6-22所示。

图 6-22 江小白在用户面前曝光的方式

（1）电影

由张一白执导，邓超、白百何、杨洋、张天爱、岳云鹏主演的电影《从你的全世界路过》中，杨洋、岳云鹏以及邓超喝的就是江小白，电影里曝光的江小白如图6-23所示。

图 6-23 电影里曝光的江小白

（2）地铁

地铁是现在大多数人出行的交通工具，地铁后侧的各大显示屏，显然成为了广告商们最为关注的地方。江小白也不例外，地铁里曝光的江小白如图 6-24 所示。

图 6-24 地铁里曝光的江小白

（3）电视

虽然现在是网络时代，但是无论是网络还是电视机，用户都会用业余时间来看电视剧。江小白作为赞助商也赞助了一些电视剧，下图正是江小白赞助的电视剧《北上广依然相信爱情》，电视里曝光的江小白如图 6-25 所示。

图6-25 电视里曝光的江小白

（4）微博

现在的微博俨然已经成为流量大户，几乎百分之九十以上的年轻人都会刷微博。如此重要的流量基地，江小白自然不会放过。微博里曝光的江小白如图6-26所示。

图6-26 微博里曝光的江小白

江小白的广告几乎席卷了所有用户能够看得到的地方，成功地吸引了用户的眼球，让用户只要想喝白酒，就能瞬间想到江小白。

第 7 章

扩大小程序的影响力：线上推广

在对用户运营、活动运营以及产品运营详细了解之后，对运营人来说，决定运营效果成败的还有一个最重要的因素，那就是推广。所谓推广，简单来说就是通过一定的方法和技术手段，让用户最大限度的知道这款产品。

现在互联网上推广的方法有很多，运营人在做推广的时候，也可以很好地使用这些方法。本章将重点为大家讲解在运营过程中，线上推广的一些实操方法。

7.1 百度渠道推广，快速获得好的排名

由于百度搜索引擎的影响力，使得百度旗下的产品都拥有非常好的排名以及巨大的流量。因此百度旗下的一些平台也成为了运营人推广产品的首选之地，而且除了百度竞价之外，其他百度旗下的推广渠道都是免费的。

百度旗下的渠道有很多，比如：百度百科、百度知道、百度文库、百度贴吧、百家号、百度派等，如图7-1所示。但是本章不会介绍百度百科与百度派的推广方法，主要原因是百度百科只能做一个，而且内容也只是科普介绍。而百度派的排名相对也比较靠后，并且也已于2018年5月21日关停服务。

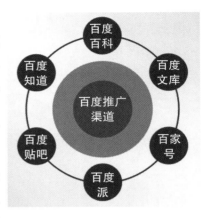

图7-1 百度推广渠道

7.1.1 百度知道推广

百度知道主要采用的是一问多答的形式，用户提出某个问题，其他用户可以来进行回答。回答被采纳之后，则能在搜索引擎中显示，并且拥有非常好的排名。

具体操作方法如下：

①打开百度搜索引擎输入"百度知道"，点击进入百度知道首页，或者在其他搜索引擎输入"百度知道"进入，如图7-2所示，然后点击我要提问按钮。

图7-2 百度知道首页

②在提问框内输入想要提出的问题，如图7-3所示。由于我们是在做营销推广，所

以所提的问题必须与自己所推广的产品密切相关。

图 7-3 百度知道提问框

③点击提交按钮之后，即可正常通过。

④通过之后，需要退出当前账号，登录另外一个百度账号。

⑤找到刚才所提的问题并回答，如图 7-4 所示。

图 7-4 百度知道回答

⑥回答完毕点击提交回答，成功提交之后，一般隔天就能在百度搜索引擎里展现。

⑦百度知道成功显示的最终效果如图 7-5 所示，此时大家就可以看到有关实名倪涛的一些信息了。

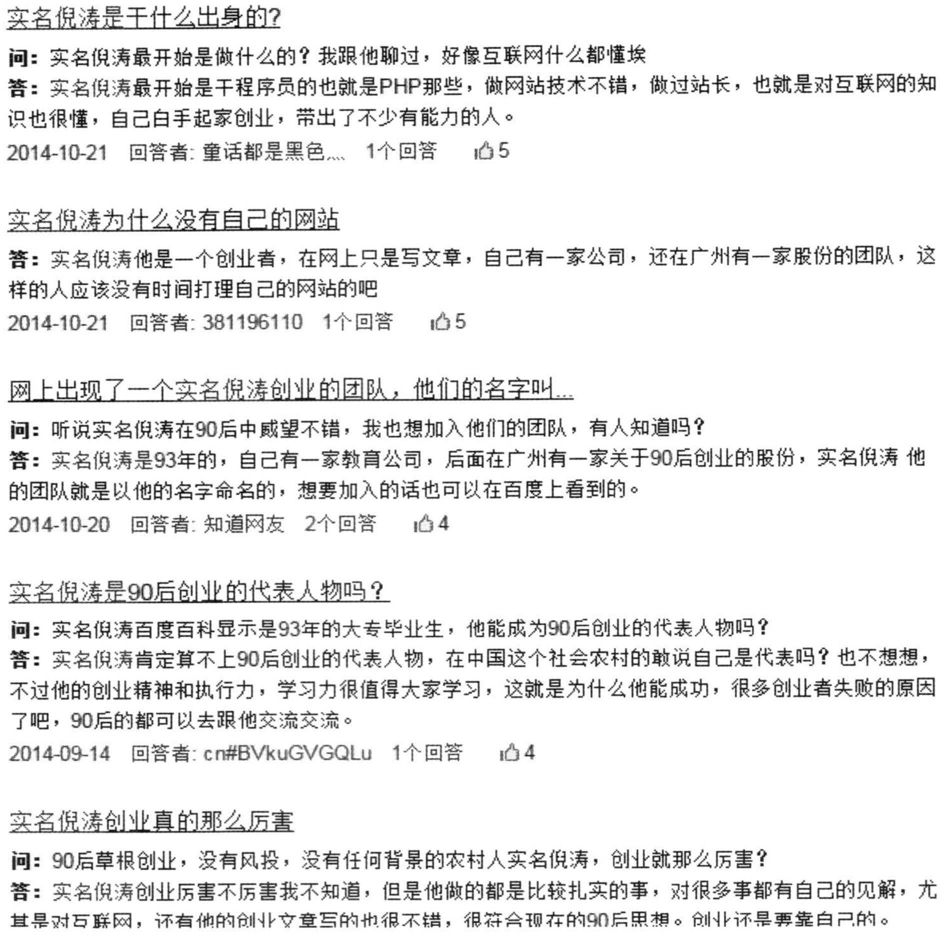

实名倪涛是干什么出身的?

问: 实名倪涛最开始是做什么的? 我跟他聊过,好像互联网什么都懂埃

答: 实名倪涛最开始是干程序员的也就是PHP那些,做网站技术不错,做过站长,也就是对互联网的知识也很懂,自己白手起家创业,带出了不少有能力的人。

2014-10-21　回答者: 童话都是黑色⋯　1个回答　👍5

实名倪涛为什么没有自己的网站

答: 实名倪涛他是一个创业者,在网上只是写文章,自己有一家公司,还在广州有一家股份的团队,这样的人应该没有时间打理自己的网站的吧

2014-10-21　回答者: 381196110　1个回答　👍5

网上出现了一个实名倪涛创业的团队,他们的名字叫...

问: 听说实名倪涛在90后中威望不错,我也想加入他们的团队,有人知道吗?

答: 实名倪涛是93年的,自己有一家教育公司,后面在广州有一家关于90后创业的股份,实名倪涛 他的团队就是以他的名字命名的,想要加入的话也可以在百度上看到的。

2014-10-20　回答者: 知道网友　2个回答　👍4

实名倪涛是90后创业的代表人物吗?

问: 实名倪涛百度百科显示是93年的大专毕业生,他能成为90后创业的代表人物吗?

答: 实名倪涛肯定算不上90后创业的代表人物,在中国这个社会农村的敢说自己是代表吗? 也不想想,不过他的创业精神和执行力,学习力都值得大家学习,这就是为什么他能成功,很多创业者失败的原因了吧,90后的都可以去跟他交流交流。

2014-09-14　回答者: cn#BVkuGVGQLu　1个回答　👍4

实名倪涛创业真的那么厉害

问: 90后草根创业,没有风投,没有任何背景的农村人实名倪涛,创业就那么厉害?

答: 实名倪涛创业厉害不厉害我不知道,但是他做的都是比较扎实的事,对很多事都有自己的见解,尤其是对互联网,还有他的创业文章写的也很不错,很符合现在的90后思想。创业还是要靠自己的。

图7-5 百度知道成功显示

对运营人员来说,一两条问题的排名是无法满足市场需求的,所以在这里要告诉大家一些关于批量操作百度知道的技巧。

具体操作方法如下:

①批量购买一批百度账号,一般来说账号的等级不同,价格也不同。百度知道账号购买平台如图7-6所示,大家可以根据自己的需求去购买,这样就省去了注册账号的麻烦。

商品名称	库存总数	单价	备注	操作
知道一级 带163邮箱1:20 其他等级下一页	4932	1.00 元/20 个	百度知道1级/带cook/带邮箱/已取名，长期用建议换绑邮箱 格式说明：账号--密码--163邮箱--邮箱密码--cookie 如未实名或异地登录提示验证，请自行实名。（非贴吧小号）。 一次最少需买 1 元，最多买 1000 元	购买
知道2级不带邮箱	4815	1.00 元/5 个	一元5个 不带邮箱 使用自己测试好再多购买 一次最少需买 1 元，最多买 1000 元	购买
知道3级带邮箱 其他等级下一页	399	3.00 元/ 个	百度知道3级/带cook/带邮箱/已取名，长期用建议换绑邮箱 格式说明：账号--密码--163邮箱--邮箱密码--cookie 如未实名或异地登录提示验证，请自行实名。（非贴吧小号）。 一次最少需买 3 元，最多买 300000 元	购买
3级知道 不带邮箱	136	2.00 元/ 个	不带邮箱号建议软件使用 一次最少需买 2 元，最多买 200000 元	购买

图 7-6 百度知道账号购买平台

②购买一个 VPN，目前已更名为"加速器"。这里不做推荐以免有广告的嫌疑，网上现在也有很多。

③登录百度账号，对相关产品进行提问，提问成功之后退出该账号。

④登录 VPN，并选择一个其他地域的 IP 进行链接。

⑤打开一个内核不同的浏览器，或者对目前使用的浏览器进行历史记录清空，必须要选择 cookies 清空。

⑥登录另外一个账号进行回答。

⑦如此反复操作，100 个百度账号顺利的话可成功创建 50 条百度知道，并且获得非常好的排名。

此方法操作时需要注意的是，不要过于频繁地操作，而且必须要严格按照以上步骤执行，千万不要出现一个账号多问或者多答的情况。

百度知道所带来的流量非常可观，其排名各部分所占的比例为：标题 30%、内容 50%、点赞数 20%。所以内容与标题要牢牢相关，切忌过于夸大，营销性过强。而且只要百度知道提问成功，相关的一些平台也会收录这些问题，比如：搜狗问问、360 问答、宝宝知道等，也能为企业带来不小的流量。

注意事项：

①切忌频繁操作。

②问题需要通俗且大众化，不要非常直接地提问"×××产品怎么样"，这样的

问题百分之百审核不会通过。比较合适的提问应该是"听朋友说 ××× 产品使用起来还不错，想去试一试但是不知道效果怎么样"，虽然标题比较长，但是通过率也比较高。

③回答的时候也不能非常直接地回答"效果不错，价格还便宜"，而应该比较客观地回答"说一下我的亲身经历吧，我之前在网上看了一下，也是查了很多资料才鼓起勇气尝试的。这款产品也不是适合每一类人，但是整体来说也还可以。至于想不想使用，能不能对你有帮助，就要你自己去尝试了"。

7.1.2 百度文库推广

百度文库主要是以文章的形式展现，一些知识科普类型的文章都可以上传到百度文库。其实真正在百度文库里做推广的企业并不多，充其量也只不过是在做一些企业宣传。所以以下的方法，并不是非常大众的方法，但希望大家都能够学以致用。

百度文库推广效果如图 7-7 所示，这是笔者为某家医院所做的百度文库营销案例。很多人会觉得不可思议，这么明显的广告居然也能过？只要按照以下方法，你也可以做到。

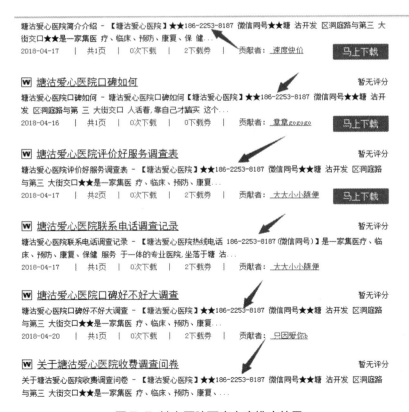

图 7-7 某家医院百度文库推广效果

具体操作方法如下：

①创建一个全新的文档，最好是 Excel 或者 Word，不要选择 TXT 以及 PDF 这种类型。

②注意此步骤是关键：将想要携带的广告复制到 Word 里，并且将该文本的字体颜色设置成与背景色一样的白色，这样就不容易被发现了，百度文库隐藏联系方式如图 7-8 所示。现在虽然看到的是一段带有灰色样式的图，但其实这里已经包含了想要推广的广告信息。

图 7-8 百度文库隐藏联系方式

③随意复制一篇文章，内容最好为热门新闻以及优美的散文。

④设置好文档名称，也就是标题，推荐以用户的搜索词为主。

⑤登录百度账号，在百度搜索框内输入"百度文库"，或者直接在地址栏中输入 https://wenku.baidu.com，进入百度文库首页，如图 7-9 所示，并点击上传我的文档。

图 7-9 百度文库首页

⑥进入上传文档界面，选择之前创建好的文档，如图 7-10 所示。

图 7-10 百度文库上传

⑦上传完毕之后，进入审核阶段，如图 7-11 所示。

文档状态	来源	创建日期
🕐 提交中	上传	2018-05-07

图 7-11 百度文库审核

⑧审核成功之后，就会看到如图 7-7 所示的效果。

百度文库不仅拥有非常好的排名，而且能够提升所推广产品或品牌的影响力，帮助企业的产品更多地曝光在用户面前。如果能够将小程序的运用也推广到企业的网站上，通过百度文库的外链引流，也能提升网站的权重，从而提升产品在网络上的排名。

7.1.3 百度贴吧推广

百度贴吧一般是用户发表言论的聚集地，可以作为运营推广的圈子。百度贴吧的排名也十分好，但是如果运营人员不是吧主的话还是要谨慎使用。

具体操作方法如下：

①登录百度账号，并输入"百度贴吧"或者直接在地址栏中输入 https://tieba.baidu.com/，进入百度贴吧首页，如图 7-12 所示。

图 7-12 百度贴吧首页

②找到一个合适的贴吧进行发贴，最好是能够发广告的贴吧。贴吧虽然是一个人人都能发贴的地方，但是有些贴吧因为流量大，所以也会有吧主对用户所发表的贴子进行实时审核。

③如在贴吧搜索框里输入实名倪涛，进入实名倪涛吧。

④拉到最下面的发贴框，发布想要的发表贴子，如图 7-13 所示。

图 7-13 百度贴吧发帖

⑤点击左下角的发表按钮，提交成功之后，就会在百度搜索引擎中显示。百度贴吧排名如图 7-14 所示。

图 7-14 百度贴吧排名

注意事项：百度贴吧操作起来非常简单，而且排名也不错。但是由于其开放性较强，所以也很容易出现负面的评论。一旦产品或者品牌被用户所质疑，那带来的负面效果也是非常严重的。

7.1.4 百家号推广

在这个全民自媒体的时代，百家号不仅仅是自媒体人的创造基地，也是营销人推广的绝佳选择。由于百家号是自媒体平台，所以需要先注册。

具体注册方法如下：

①登录百度账号，并输入"百家号"，百家号注册如图 7-15 所示，点击想要注册的类型，这里推荐选择个人。

图 7-15 百家号注册

②选择个人之后，进入填写相关资料页面，如图 7-16 所示。

图 7-16 填写相关资料页面

③资料填写完毕之后，点击提交，进入审核阶段，如图 7-17 所示。

图 7-17 百家号提交审核

④审核通过之后，需要进行人脸识别，只要打开手机浏览器的二维码扫描即可正常识别。

百家号注册注意事项：

准备好拍摄清晰的手持身份证照片，并且保证身份证号码清晰可见；提交次数为 5 次，如果 5 次审核未通过，那么该身份证也就无效了；一定要保证当时手持身份证的注册者能够使用人脸扫描功能。

⑤人脸识别通过之后，就可以正常发布文章了。

7.2 SEO 推广，树立品牌形象的"法宝"

SEO 虽然属于营销领域，但是对于运营人员来说，也是需要掌握的必不可少的一项技能。精通 SEO 不仅能够将产品很好地推广出去，更能从多个方面塑造企业的形象和产品品牌，从而在用户心中造成强大的影响力。

SEO 属于网络优化，目的是通过各种技术方法，将自己的产品曝光到用户面前。使用的方式通常分为两种，一种是站内优化，通过自己搭建网站进行优化排名；另外一种则是借助第三方平台的外链引流，比如：付费新闻源网站、免费 B2B、分类信息网等。

7.2.1 搭建网站进行推广

通过网站进行推广是互联网的起源，更是最为省钱的一种推广模式。运营人员可以通过自己所掌握的 SEO 技术，将产品的关键词、品牌词推广出去，增加在互联网上的曝光度以吸引更多的用户。

（1）快速搭建网站

要想通过网站进行推广，首先必须得有一个属于自己或者运营人员能够管理的网站。由于本章重点在于推广方法，所以对于快速搭建网站只会介绍一些简单的操作流程。

具体操作方法如下：

①购买域名和空间，有能力的公司建议购买独立服务器。具体价格根据不同的服务商所提供的价格进行参考。

②下载一套开源程序源码，建议使用 DEDECMS，方便快捷。而且程序自带网址静态化功能，有利于优化。

③通过美工设计、前端切图、程序搭建创建一个可行性的网站。

注意事项：

对于一个网站而言，重要的不仅仅是运营，网站的结构，代码的严谨程度，美工的做图水平都会直接影响日后网站带来的效果。

（2）设置网站关键词

做 SEO 是为了网站能够获取排名，而排名主要由网站的标题和关键词所决定，所以一定要对网站的关键词设置把握得当。

①打开网站后台，进入参数设置页面，设置网站关键词，如图 7-18 所示。

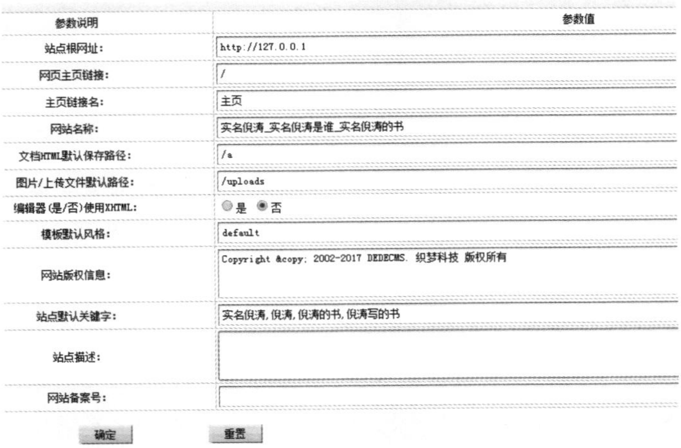

图 7-18 设置网站关键词

②设置好相应的关键词之后，打开网站首页。在空白处点击鼠标右键，选择查看源代码，可以看到设置好的网站关键词，如图 7-19 所示。页面中的标题和关键词直接决定了网站在百度搜索引擎中的排名。

```
<html xmlns="http://www.w3.org/1999/xhtml">
<head>
<meta http-equiv="Content-Type" content="text/html; charset=utf-8" />
<title>实名倪涛_实名倪涛是谁_实名倪涛的书</title>
<meta name="description" content="" />
<meta name="keywords" content="实名倪涛,倪涛,倪涛的书,倪涛写的书" />
<link href="/templets/default/style/dedecms.css" rel="stylesheet" media="screen" type="text/css" />
<meta http-equiv="mobile-agent" content="format=xhtml;url=/m/index.php">
```

图 7-19 设置好的网站关键词

③一个网站想要在百度搜索引擎中找到，首先必须要有收录，其次才是有排名。为了能够尽快让网站收录，可以将网站的首页主动提交给百度搜索引擎。百度收录提交入口如图 7-20 所示。

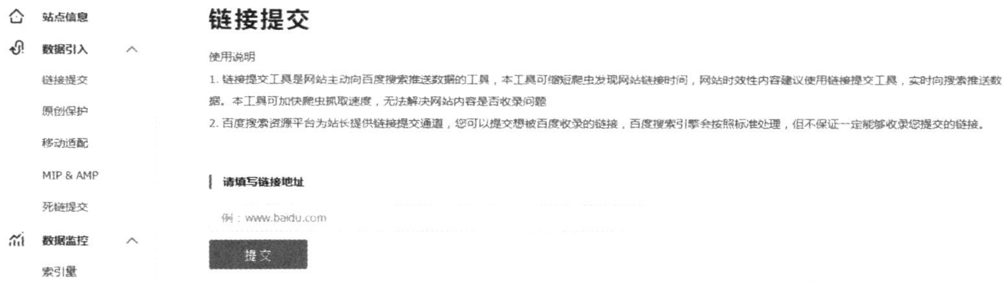

图 7-20 百度收录提交入口

④设置完成之后，等待百度收录即可。

设置关键词注意事项：

①一定要做好明确的市场调查，避开与企业大佬之间的竞争，应挑选一些容易优化的关键词。

②设置好网站关键词之后，在未收录之前可以进行关键词的修改。收录之后，切忌频繁更改网站关键词，这样对网站的优化排名极其不利。

③搭建好网站之后，一定要进行日常的维护和更新，要保证网站随时都有新的内容加入，让用户看到这是一个用心运营的网站。

（3）网站内容更新

更新网站内容是网站运营的核心所在。如果是单人运营，可以每天更新 1 ～ 2 篇文章。如果是公司配备专人运营，则可以每日多更新几篇文章。

具体操作方法如下：

①登录创建好的网站后台，点击左侧的所有档案列表，并点击添加文档按钮，如图 7-21 所示。

图 7-21 添加文档

②添加想要发表的文章标题和内容，如图 7-22 所示。

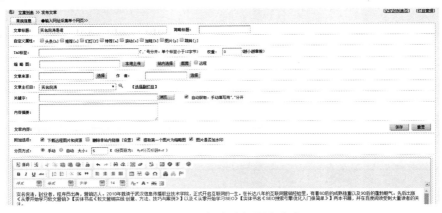

图 7-22 添加文章标题和内容

③点击发布之后，可以访问该文章页面，也就是大家通常所说的网址。预览文章内容如图 7-23 所示。

实名倪涛是谁

时间：2018-05-08 11:40 来源：未知 作者：admin 点击：126 次

> 实名倪涛，创业者，程序员出身，营销达人。2010年就读于武汉信息传播职业技术学院，正式开启互联网的一生。在长达八年的互联网营销经验里，有着80后的成熟稳重以及90后的蓬勃朝

实名倪涛，创业者，程序员出身，营销达人。2010年就读于武汉信息传播职业技术学院，正式开启互联网的一生。在长达八年的互联网营销经验里，有着80后的成熟稳重以及90后的蓬勃朝气。先后出版《从零开始学习软文营销》【实体书名《软文营销实战:创意、方法、技巧与案例》】以及《从零开始学习SEO》【实体书名《SEO搜索引擎优化入门很简单》】两本书籍，并在百度阅读受到大量读者的关注。
个人经历

图 7-23 预览文章内容

④发布成功之后，也可以再次提交给百度收录。文章收录之后就能通过百度搜索引擎进行查找并点击查看了。

注意事项：

①一定要保证文章的原创性，原创度越高，排名就会越好，千万不要出现转载或者伪原创的情况。

②注意锚文本的搭建，通过站内进行内链建设。

③文章更新要保持一定的频率，切忌出现两天打鱼三天晒网的情况。

④ SEO 不能急于求成，需要长期运营才能保证排名的上升和流量的上升，最后才能形成产品销量的上升。

搭建网站之后，通过灵活使用所掌握的 SEO 技术和持之以恒的坚持，即使短期内不会带来巨大的利润，经过长时间的积累，等网站排名稳定之后，带来的流量将是巨大的，带来的效果也将是非常显著的。

7.2.2 外链引流

外链引流主要是指在第三方平台上发布与产品相关的信息，让用户看到。这些平台也属于网站的范畴，但由于不属于自己或者公司搭建的平台，所以称之为第三方平台。相比自己搭建网站来说，通过外链引流的方式会更快，早期带来的效果也会比自己搭建网站要好得多。常见的外链引流方式如图 7-24 所示。

图 7-24 外链引流的方式

（1）付费渠道

付费渠道主要指的是在一些流量大的网站上进行广告投放，比如：新浪微博、今日头条等。另外还有一些权重比较高的网站，比如四大门户网站。

（2）免费渠道

免费渠道主要指的是开发性平台，这些平台可以任由用户注册发布各种类型的广告。比如：B2B商务网站，分类信息网，博客网等，近几年比较火的自媒体平台也属于免费渠道的范围。

（3）引流类别

引流类别一般分为两种，直接引流和间接引流。

①直接引流：直接引流的核心在于拥有一个属于自己的网站。推广人员在第三方平台上留下网站的网址，使用户可以直接通过网址访问推广的网站，这种情况称为直接引流。

②间接引流：某些平台不能携带外链网址，但是可以放置电话、产品名称、公司名称等。用户看到这些之后，或许会通过电话咨询，或者重新在百度搜索引擎中查找产品的名称和公司名称并进行联系，从而产生交易和转化，这种情况称为间接引流。

具体操作方法如下：

①找到一些合适的渠道，现在比较常用且收录和排名比较好的免费渠道有：找啥有、列举网、阿里巴巴专栏、新浪博客以及考要信息网等，这些目前能够携带联系方式。

②在这些平台上分别注册相应的账号，并保存起来。

③收集一些与核心产品相关的文章，如果有专门的文案写手更佳。

④每天发布50~100条外链引流文章。

⑤做好相应的收录统计和排名统计。

⑥日积月累，外链引流的效果会逐渐展现。

7.2.3 SEO 注意事项

要想通过SEO运营好一款产品或者一个网站并不简单，需要花费大量的时间和精力。当然只要把握好SEO的核心，规避一些注意事项，也能带来巨大的收获。

SEO优化过程中的注意事项：

①选择一个比较合适的域名，这需要从多个方面考虑。

第一是域名的年龄，越久越好；第二是域名的长度，越短越好；第三是域名的安全性，是否被K或者降权过，这些都会影响做SEO的过程中的效果。

②制订一个合理的工作计划，比如发布多少篇文章，搭建多少个锚文本，哪些地方该用什么样的标签等。这些工作需要花费大量的时间，如果能够规律化、流程化，自然操作起来也会更加轻松。

③搭建一个外链网络板块，现在是一个提倡高质量内容的时代，外链并不是越多

越好。所以尽量精简外链的发布频率与数量，打造一些高质量的外链。其次需要定期对外链的收录进行查询，保证外链收录与站内收录的同步进行。

④密切关注百度算法的更新，百度算法为了维持用户以及 SEO 工作人员的热度，会每隔一段时间对算法进行一次更新和调整。所以一定要在百度算法更新之前，对百度提出的一些问题进行相应的调整，以免碰触百度不允许的违规行为，造成网站降权。

⑤优化日常的操作流程，管理好部门的协调配合。优化在一些大型的公司并不是一个独立的岗位，其中还包含外链专员、优化专员、代码优化以及数据库优化等，所以为了能够更好地协调工作，每个岗位直接配合的密切程度也十分重要。

7.3 小程序线上推广的其他方式

除了以上两种方法之外，还有许多适合线上推广的方法，本章将继续为大家介绍一些比较适合推广小程序的方法。

7.3.1 微信公众号

微信官方一直对小程序抱着全民都能使用的开放态度，现在也已经完全放开了公众号关联的限制，一个公众号可以关联十个不同的小程序。因此，利用微信这个流量巨大的平台，通过关联来进行推广，是绝对不能错过的运营手段。

（1）公众号文章入口

①文字跳转。

②图片跳转。

③卡片跳转。

具体操作方法：

①登录微信公众号，编辑文章。

②在编辑文章的任意位置插入产品的链接地址。

③在文章中添加一段引导用户点击话语，比如"咱家也有小程序了，快来看看吧"。

（2）公众号底部菜单栏

公众号的底部有一个导航菜单，主要起到方便快捷访问的作用。可以将产品的入口设置在这里，方便用户随时查看。

具体操作方法：

①登录公众号，并点击左侧的自定义菜单栏，输入菜单栏名称，如图 7-25 所示。

图 7-25 自定义菜单栏

②这里选择跳转小程序，如图 7-26 所示。

图 7-26 跳转小程序

③设置完毕之后，回到公众号入口处，点击刚才创建好的菜单栏，并点击"实名倪涛"选项，即可进入设置好的页面。

7.3.2 其他类型推广方式

本节总结了一些常见的推广方式，大家可以根据自己的需要选择使用。其他类型的推广方式如图 7-27 所示。

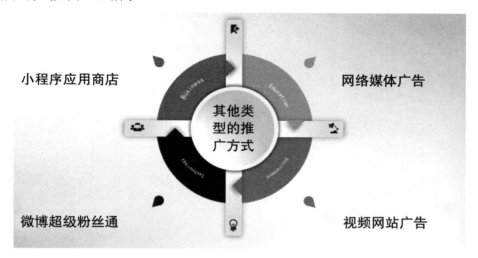

图 7-27 其他类型的推广方式

（1）小程序应用商店

现在小程序也有了与 APP 类似的集合商店，只要通过付费的方式，将搭建好的程序投入到第三方商店进行宣传即可。当然也可以通过刷榜的方式快速获得排名，刺激用户使用。

（2）网络媒体广告

广告永远是不能停的，无论是硬广还是软广。只有通过不断的广告曝光，才能让用户记住并且坚持使用。网络广告分为 PC 端和移动端两种，PC 端可以选择百度竞价，移动端可以通过 CPM 以及 CPA 计算方式增加产品的曝光。

（3）微博超级粉丝通

超级粉丝通是新浪微博开发的一种类似百度竞价，但比百度竞价操作更为简单的一种推广方式。如果产品针对的用户群体都是喜欢刷微博的年轻人，则可以通过该渠道进行推广。

（4）视频网站广告

像爱奇艺、优酷等大型视频网站，每天都有几千万的用户在使用。如果将开发的产品投放在视频开始的广告部分，获取的用户基数也是非常大的。

当然除了以上的一些线上推广模式之外，凡是能够提升产品曝光的渠道，都可以用来作为推广。要相信一点，推广无止境，做了不一定有效果，但是不做就一定没有效果。

第 8 章

扩大小程序的影响力：线下推广

  在第 7 章，大家已经掌握了如何通过互联网线上的一些渠道来增加所运营产品的曝光度，除此以外，在这个讲究线上线下相结合的年代，通过线下推广来吸引用户也是十分重要的。

8.1 线下扫一扫，用户跑不了

线下需要怎么推广，怎么让更多的用户使用呢？又该怎么促进用户频繁使用，让用户产生消费的行为呢？这一切都必须从让用户先知道你的产品开始。现在扫一扫比较流行，小程序也拥有了自己的二维码，因此线下推广这些二维码也能为企业带来巨大的流量。

线下推广模式也称为地推模式，也就是地面推广或者地毯式推广。如果企业不擅长使用互联网等新媒体推广方法，合理地使用地推模式也是一种绝佳的办法，可以快速从线下获得用户。

8.1.1 线下推广的九大绝招

线下推广虽然没有线上推广那么繁琐的操作和运营技巧，但也不仅仅只是发发传单就能完成的。只有从地推模式中，找到合适的推广方式，才能实现成本最小化，利润最大化。线下推广的九大绝招如图 8-1 所示。

（1）卡片式

以前的卡片都太过普通，无法吸引用户。所以在做卡片式地推的时候，一定要注意将卡片设置得更加吸引人一些。

图 8-1 线下推广的九大绝招

小技巧：用户喜欢钱，可以将卡片设置为 100 元折叠式的小卡片，如图 8-2 所示。当用户看到这种类型卡片的时候，都会有一种想要浏览的欲望。如果广告词以及产品恰好是对方所需要的，对方则会扫描卡片中的二维码，成为产品的用户。

（2）恶搞式

推广的核心在于能够吸引用户，线上吸引用户靠点击，线下吸引用户自然就是靠停留了。恶搞在线上的视频领域十分火爆，在线下也会经常看到一些恶搞的装扮，比如现在比较流行的熊本熊，网红熊等。

图 8-2 某公司 100 元卡片式地推

小技巧：恶搞的目的是为了吸引用户停留，切记不要过于低俗而引起用户反感。通过恶搞让用户感到开心和搞笑，用户才会停留并扫描二维码。

（3）宣传页

宣传页的成本虽然低，但是效果也不会很理想，完全依靠数量。一张宣传单发出去之后，如果用户不看，那就没用；用户看了之后，不扫描上面的二维码，也没用。

小技巧：宣传页的设计一定要足够吸引用户，并且锁定好用户群体。比如企业是培训类的，可以选择在学校附近发放。

（4）镶嵌式

镶嵌式地推在生活中随处可见。比如茶杯身上、洗衣粉包装袋上、停车卡上等等，其中茶杯广告如图 8-3 所示。

小技巧：一定要考虑清楚所做的产品类型，如茶杯是年轻类型的情侣杯，还是一般商务用的茶杯，不能一味为了扩大推广面积而浪费成本。

图 8-3 镶嵌式茶杯广告

（5）展会式

展会主要是邀请业内比较知名且能力较强的人士参与的活动，所以如果在展会做地推，更多的是要做服务的地推，展览会上的地推如图 8-4 所示。

图 8-4 展览会上的地推

小技巧：通过在展会上交换名片或者二维码曝光的方式，认识一些志同道合的人，以此来扩充人际圈子。

（6）小礼品

在线上运营中我们说过，用户都是喜欢占小便宜的，其实线下也不例外。只要免费获得一些小礼品，用户都是非常高兴的。

小技巧：引导用户扫描二维码并成功使用后，便向用户赠送一些小礼品，小礼品最好以实用为主。由于喜欢免费小礼品的用户多数为家庭主妇，因此，如果产品面对的是这种类型的用户，就可以通过这种方式大力推广。

（7）公交站

公交站随处可见，多数用户等公交的时候，会自然而然地注意到公交站牌里的广告。公交站地推广告牌如图 8-5 所示，这种公交站的广告曝光率，可谓是百分之百。

图 8-5 公交站地推广告牌

小技巧：公交站广告的价格相对前几种方式来说是偏高的。如果在预算之内可以考虑投放，预算之外就不建议了。当然也可以在公交车上发送传单，只不过发送传单的效果要差上许多。

（8）实体店

与实体店的老板进行合作。许多实体店的老板看到互联网所创造的财富很心动，却又割舍不下自己的门面。所以为了与实体店老板合作，必须要让这些店主明白，未来是属于互联网的，要重视互联网的运营与营销。

小技巧：线上与线下合作是一种双赢。线上有能力者可以帮助线下的实体店进行宣传，线下有资源者可以帮助线上用户地推。

（9）美女模特

美女永远是受关注的话题，有美女的地方自然会有男性用户。像一些车展，会展等，邀请美女模特做车模或者礼仪小姐的目的，就是为了吸引更多的男性参与。美女模特地推广告如图 8-6 所示。

图 8-6 美女模特地推广告

小技巧：招募的美女最好能以美吸引用户，而不要以色或者一些低俗的表演吸引用户，在大庭广众之下，这种效果是不行的。

要注意的是，地推所推广的产品，都有各自的用户对象。由于定位和所开发的功能不同，所以在推广的时候，一定要针对不同类型的产品选择适当的线下地推模式，才能保证地推利益的最大化。

8.1.2　地推的实操流程

现在想要做一款小程序并不困难，但是如何将其推广出去并获利就不是一件容易的事了。在全民互联网的时代，地推依然是推广中不可或缺的一个部分。相比线上推广而言，地推模式更加精准，用户接触也更加真实，自然也是效果最明显的一种推广模式。

作为运营人，一定要搞清楚，是不是所有产品都适合地推呢？答案当然是否定的。就我个人所操作的运营经验来看，生活服务、O2O 商务、游戏以及一些垂直行业是比较适合做地推的。

在做产品地推的时候，也需要有一套完整的实操流程，来保证方案的可行性。

（1）地推前

①招聘地推人员

在做地推之前一定要注意，地推人员尤其是能够引导用户扫描的工作人员一定要熟悉产品，如果地推人员都无法介绍产品的优势有哪些，用户是绝对不会有兴趣的。

②设计完美的地推产品

地推产品的发放需要经过策划和构思，美工的设计以及最后厂家制作出成品，在此过程中要保证时间的衔接，千万不能出现某个岗位的工作人员闲置的情况。

③选择合适的地推环境

在正式做地推之前，一定要考察好当地的地推市场，确定哪些地方适合做地推，并以最快的速度了解当地的人群需求。

（2）地推中

在正式开始做地推的时候，要根据市场地推反馈的情况，不断进行优化调整。

①赠送小礼物的时候，要核实领取者的姓名、身份证号码，防止多个礼物被同一个用户领取。

②给予地推人员一定的信心。在做地推的时候会有许多用户参与，并且会提出很多问题，比较喧闹的环境很容易让地推人员情绪烦躁。所以要适当给予他们信心，并且及时调整他们的情绪。

③防止城管的出现。如果是大型活动的地推自然不用担心。但是如果是个小摊位，而且不考察清楚就随意摆放的话，会很容易对当地的居民以及交通造成影响，也容易受到城管执法管制。

（3）地推后

在地推结束之后，一定要统计好使用的人数，而且统计的来源要与线上区分开。可以对线下二维码设置一个单独的参数，作为地推用户的入口。同时要对地推前以及地推中所遇到的问题进行总结。

另外，由于地推过程中用户离产品相当近，所以如果用户出现任何疑问，必须第一时间进行解答。有能力或者有条件的前提下，甚至可以登门拜访，以表示对用户的重视。

8.2　线下地推成功的知名企业

对地推这种传统的推广模式来说，只要运用得当，其带来的优势要远超于线上。本章将重点为大家介绍一些线下地推的成功案例，这些案例对地推场景的把握都十分准确，足以说明找到适合的地推场景的重要性。

8.2.1 e代驾：餐厅、酒店撒网式的成功

对于一个代驾平台来说，e代驾无疑是成功的。很多人认为现在几乎人人都能开车，代驾并没有太大市场。但e代驾将目光瞄准的是酒驾人群的市场，为自己开拓了一片新的市场。

e代驾早期的资金并不多，所以只能选择地推模式。他们采用了镶嵌式地推，将广告印在烟灰缸与牙签盒上，如图8-7所示。e代驾前期的地推团队每天需要与近一万家餐馆合作，每家餐馆配备一百套能展现e代驾广告的物料进行投放。

图8-7 e代驾烟灰缸

不管餐馆的规模大小，只要是有酒有聚餐的地方都是e代驾的目标。最终，e代驾从一个无人知晓的品牌，靠着定位准确的地推场景，成为代驾行业的巨头。

8.2.2 滴滴打车：车站、候车区红包福利式成功

滴滴打车的出现，为用户的出行带来了便利，甚至一度将曾经的出租车行业给颠覆。滴滴打车通过分享如图8-8所示的红包，使有车的用户随时都能赚钱，没车需要车的用户也能便捷出行。

滴滴打车早期的地推地点在加油站、火车站以及一些出租车的候车区。他们会在一个点配备三个地推人员，一个发传单，一个介绍产品，最后一个则手把手地教用户如何使用。为了能够更好地实现地推效果，滴滴打车也会专门到一些汽车团队进行推广合作。有了公司团队的合作与支持，滴滴打车的用户积累速度非常快。加上产品的方便，很快被用户所接纳。

图8-8 滴滴打车专享红包

地点正确的地推及红包的发放，使得滴滴打车成功成为一家既能让司机赚钱，又能让用户方便的企业。而且后续推出的滴滴专车、快车以及顺风车，也是为了迎合不同的用户所创造出来的产品。

8.2.3 美团外卖：满足用户内需式成功

美团外卖经过市场调查发现，现在很多上班族没有时间做饭，很多大学生不喜欢吃食堂的饭菜，很多宅男无心做饭，因此，外卖有很大的市场。

但是最开始做地推的时候，美团外卖将市场定位在了学校，除了考虑到大学生对食堂饭菜的不满程度比较高之外，还有一个比较重要的原因，就是学校更容易出入。大学基本处于一种完全开放的环境，地推人员通过发放宣传单，以优惠加送餐的模式让学生认为，吃外卖既省钱又比食堂的好吃，从而帮助美团迅速打开外卖市场，从学校积累了一批忠实的学生用户。学生领取外卖如图8-9所示。

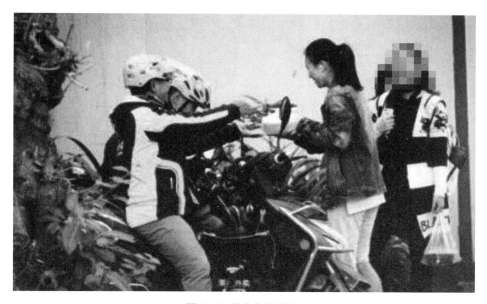

图 8-9 学生领取外卖

8.2.4 共享单车：省钱、健身满足式成功

上面几个成功的案例，基本都属于线上虚拟产品，他们通过线下推广，让用户在线上消费。但是共享单车却是实实在在地将自己的产品拿出来，摆在了地面上。

共享单车瞄准了用户的刚性需求，太长的路程可以选择打车或者坐地铁，太短的路程可以步行，面对不长又不短的路程时，如果能有一辆单车，对用户而言就非常方便了。

随处可见的小黄车如图8-10所示。

图 8-10 随处可见的小黄车

　　其实共享单车是真正将地推与产品完美结合并且成功的商家，当其他商家都在思考如何通过别的产品，将用户引流到自己的产品上的时候，共享单车则非常直接地将自己的产品放在了大街上：我的产品就是最好的地推。加上自行车出行不仅公益环保，还能锻炼身体，用户自然会迅速接受。

　　共享单车并没有选择地推的场景，而是每个场景都适用。空白市场加上创意的现实化，造就了共享单车的成功。

第 9 章

统计小程序的效果：数据分析

以前做 ASO（APP 运营）的时候，笔者最关心的不是做了多少事，也不是带来了多少用户和转化，而是反馈回来的数据。通过对数据的掌握和分析，才能从中发现并解决问题，从而对以后的运营把控更加准确。

通过对本书前面的学习，大家已经知道了小程序其实就是在一个 APP 里载入了多个 APP，当然这些 APP 的功能都相对简单。所以小程序运营其实也是在做一个独立 APP 的运营，只不过运营起来更加简单，带来的效果也更加明显。

9.1 小程序常见数据及数据分析方法

有数据才会有效果，有数据才会有改进，对小程序而言也不例外。那么作为运营人员，在运营小程序的时候，数据代表了什么，又有什么特殊的意义呢？

9.1.1 后台常见数据

数据可以支撑一切，数据的好坏将直接决定运营的方向。这里抛开每个数据指标的基本定义，直接为大家讲解如何对这些数据进行分析。

（1）访问量

对于一款产品而言，最为基本的数据就是用户的访问量。

具体操作方法如下：

①登录已经注册好的账号（注意：非公众平台账号）。

②点击左侧的数据分析按钮，选择访问分析，查看访问量，如图9-1所示。

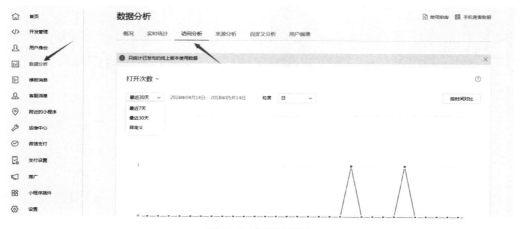

图9-1 查看访问量

③可以选择"最近7天""最近30天"以及自定义想要查看的时间段。

④通过上图可以看到，某两个时间段的访问量要远高于其他时间段。而这两个时间段，正好是该公司做活动推广的时间段。

通过访问数据还可以进行数据分析对比。比如将2018年3月15日至4月14日的数据与2018年4月14日至5月14日的数据进行对比，如图9-2所示。

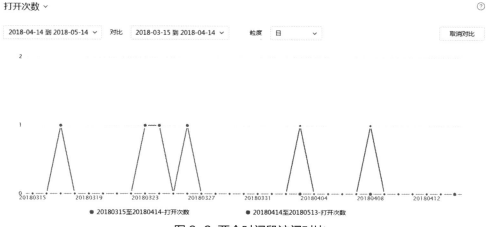

图 9-2 两个时间段访问对比

从上面的图中可以非常清楚地了解到，哪些时间段的访问人数更多，并查找出访问人数更多的原因。

（2）用户访问来源

运营将产品进行投放之后，必然会关注用户是从哪些渠道来的。每款产品的推广渠道有很多，但是每个渠道的成本却不一样，所以对于用户访问来源的数据分析，可以很好地帮助运营折算出每个渠道的推广成本。

具体操作方法如下：

①登录微信小程序后台。

②选择左侧的数据分析，并选择来源分析，如图 9-3 所示。

图 9-3 用户访问来源分析

③来源分析数据可以显示来源排名前 12 的数据，也可以自己选择需要显示的来源。

④常见的来源有：用户搜索、历史访问、对话、公众号推荐以及线下扫一扫等。

（3）活跃分析

在推广一次活动之后，产品的访问量必然会在该时间段内疯涨。但是如果活动期一过，访问量再次回到低谷的话，这就可以告诉运营人员，该活动并不算成功。

（4）其他数据

除了以上常见的几种数据之外，运营人员还可以通过基本概况、实时统计以及自定义分析和用户画像等数据进行详细的分析。

9.1.2 有效的数据分析法

数据分析能够很好地帮助企业发展，前提是这些数据必须是有效且真实的。运营人员如果只是为了数据好看而恶意刷流量，是万万不可取的，因为这样的数据没有任何意义和价值。

所以，在做数据分析的时候，应掌握有效的数据分析法，如图9-4所示。

图9-4 掌握有效的数据分析法

（1）多渠道收集

渠道永远是不能少的，而且越多越好。但是在通过渠道做收集的时候，要注意不能被大平台的数据所干扰。比如有些渠道是主要做医疗的，平台上大多都是医疗方面的用户，而我们的产品是金融方面的，即使对方努力向你推荐，在他的平台上做金融广告投放效果也非常好，也不能轻易相信。

在对渠道数据进行收集的时候，一定要注意以下几点：

①必须要保证对方平台提供的数据与自己本行业的用户相匹配。

②多观察普通用户在该平台上对于产品的评价。多关注差评，差评的改进是提升产品在用户心中形象的重要途径。

③多收集一手数据，比如设计问卷调查回收分析，千万不要随意在互联网上下载一些无关的数据，作为产品的分析凭证。

（2）剔除干扰数据

有些数据的出现或多或少会影响数据分析的结果，以某个时间段的数据来衡量整月乃至整年的效果也是不合理的。所以有效地剔除干扰数据，才能更加显示出数据分析的威力。

①找寻正确的访问量以及数据使用量，并且要选择足够多的用户投放群体。比如：不能因为一款产品被一个用户使用了，就定义这款产品的使用率为 100%。

②文案在推广上起着至关重要的作用，但是也要进行合理的区分。比如在分析两条类似的文案广告时，一定要考察清楚投放的人群、需求以及活跃度是否一致。如果一条文案投放在活跃度为 20% 的平台，而另外一条投放在活跃度为 50% 的平台，得到的数据肯定是不一样的。

③排除产品新上线、节假日、活动以及周年庆等特殊时间段。这些时间段收集到的数据，只能作为年终数据平均值的一部分，而不能作为全年的平均值。比如：在双十一那天，某些商家一天的利润或许就能高达几十万。但是我们能说每天的利润都有这么高吗？自然不能。

④靠"脑"不靠脑，人的记忆力是有限的。千万不要在做数据分析的时候，盲目的想当然。比如：我记得去年是这么做的，今年也这么做。每年的市场行情以及需求完全不一样，所以要拿当年收集的数据结合当前市场，再次重新布局。

（3）具备分析能力

数据分析并不是将各大平台的数据统计成一个数据表格就完成了，数据分析真正的价值体现在分析上，比如：是否取得了突破、哪些地方做得还不够好、有没有新的方法和渠道可以使用等。

①不要过于依赖数据。数据永远是死的，而且是过时的，只有分析才能体现数据的价值。数据分析常见的算法有两种，分别是母爱算法和父爱算法。母爱算法就是用户要什么，企业给什么，比如今日头条的智能推荐。但是这种推荐只会越来越精准，最后精准到只给用户唯一想要的，而忽视了其他信息。父爱算法则体现在创新上，通过给用户更多更新的产品，让用户更加喜爱。

②多关注大众用户的需求。现在有许多运营人员存在一个弊端，每当他们发现极个别用户说自己的产品哪里有缺陷的时候，就拼尽全力去做修改。最后花费了大量的时间和精力，创造出来的产品并没有带来更大的收益。主要原因在于，没有好好挖掘大众用户的需求就盲目改版。所以在收集用户反馈信息的时候一定要注意，要全方位地对用户进行调查，尤其是忠实用户。

③杜绝直觉反应。运营人员往往会提前定目标，如果在完成的时候，发现实际目标与预订目标不一致，千万不能盲目下结论说这次活动做得不好就完事了。而是要好好分析问题出在哪里，比如：是某个页面访问速度过慢，还是支付系统存在漏洞等。

做数据分析一定要记住，"想用户之所想，急用户之所急"，要通过对数据的分析，让产品走在用户的前面，才能真正发挥数据的作用。

9.2 小程序数据分析工具推荐

随着小程序的发展，各个行业的服务商也看到了这款产品的前景，于是纷纷推出了各种类型的数据分析工具，有的来自综合类型的 APP 软件，有的来自各种网站提供的监控数据，也有专注数据方向的创业平台。

对于一款全新产品的运营人员而言，找到合适的数据分析工具，能够快速获取用户的需求，大大提升后期的效果。目前提供数据分析的平台有许多，比如：腾讯移动分析、TalkingData 统计分析、及策、阿拉丁统计平台、HotApp 小程序、易观分析工具、GrowingIO 分析、神策分析以及 Growth 量化运营分析等，这些工具的应用统一使用 SDK 包的模式接入。

每个数据分析工具都有自己的优劣势，目前这些工具都是免费为运营人员提供服务的，只不过有的平台需要提交审核，有的可以自主提交。对运营人员来说，可以适当选择其中的几款进行尝试，以符合自己行业的需求为主。

本章重点为大家介绍其中五款数据分析工具，如图 9-5 所示，并对它们进行一些基本功能的分析对比。

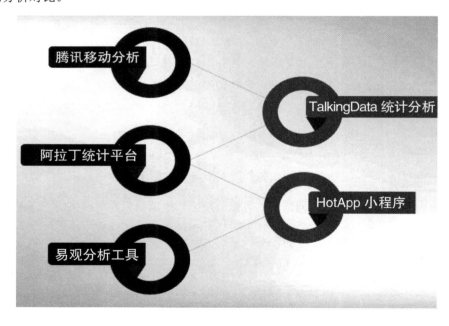

图 9-5 推荐 5 款数据分析工具

9.2.1 基本功能对比

对数据分析工具而言，首先要具备一些基本的分析功能，但是有的平台属于自带的，而有的平台则需要单独添加某项功能才能使用。

①打开次数：以上平台均可。

②访问页面次数：以上平台均可。

③访问人数：以上平台均可。

④访问时长：腾讯移动分析、TalkingData 统计分析、阿拉丁统计平台可以正常使用。

⑤分享次数：TalkingData 统计分析、HotApp 小程序可以正常使用。

⑥独立页面分析：以上平台均可。

9.2.2 用户数据分析

用户的数据一般分为两种，一种是整体的数据统计，另外一种则是单独用户的数据统计。以上工具中都支持整体的访客数据，但是因为行业不同，用户产生的行为以及需求也不相同，所以在单个的访客数据以及用户需求上，则需要运营人单独规划。

①整体用户：以上平台均可。

②新老用户：以上平台均可。

③单独用户：除及策统计之外，其他平台均需单独添加。

④用户群体：除 TalkingData 统计分析和及策之外，其他平台均需单独添加。

⑤来源页：除腾讯移动分析、及策和阿拉丁统计平台之外，其他平台均需单独添加。

⑥用户留存数据：除腾讯移动分析之外，其他平台均可。

9.2.3 终端以及地域分析

终端可以详细统计用户通过哪种设备进入，比如：Android 或 IOS，同时还可以统计对应的网络使用情况，比如：2G/3G/4G 以及 WiFi 网络。

地域分析主要针对的是拥有线下实体店的平台，比如：餐饮行业以及教育培训机构等。掌握合理的地域访问情况，可以分析出该地域的用户对产品的感兴趣程度。如果某个地区的用户频繁访问产品且流量巨大，而该企业在该地域又没有线下实体店，对于企业来说也是一种损失。

①地域来源：除 HotApp 小程序，其他平台均可。

②终端系统：除阿拉丁统计平台和 HotApp 小程序之外，其他平台均可。

③联网方式：除 HotApp 小程序之外，其他平台均可。

④微信版本：除 HotApp 小程序、TalkingData 统计分析和阿拉丁统计平台之外，其

他平台均可。

9.2.4 访问来源分析

运营和推广有线上和线下两种渠道，这两种渠道也需要进行详细的来源记录，以确定哪些渠道更优，哪些渠道可以选择放弃，从而更加方便后续进行运营。

线上来源总结：

①好友分享。

②微信群分享。

③公众号关联。

④自主搜索。

当然不仅仅只有这些，其他一些任何有助于曝光并吸引用户访问的渠道都可以。

线下来源总结：

①地推广告。

②门店推广。

③分销制度。

以上几个平台中，目前能够统计到具体来源的有及策和 HotApp 小程序两款分析工具。

9.2.5 分析功能具体说明

①此次分析对比仅在本书出版之前有效，该书出版之后的具体功能，请参照对应服务商所更新的平台使用。

②此次分析仅为互联网收集以及笔者个人推荐，好坏利弊由大家自行判断。

③此次分析仅提供参考，如需实际体验，则需要运营者提交相应的产品进行审核，获取到具体数据。

9.3 阿拉丁数据分析平台

在了解以上数据分析平台之后，本章将重点为大家介绍其中一款分析平台。推荐使用阿拉丁数据分析平台，全称为阿拉丁小程序统计平台。

9.3.1 平台注册流程

具体操作方法如下：

①打开百度搜索引擎，输入"阿拉丁统计平台"，点击进入平台首页，如图9-6所示。

图 9-6 阿拉丁统计平台首页

②点击注册按钮，填入对应的手机号码与验证码及密码之后，如图 9-7 所示。

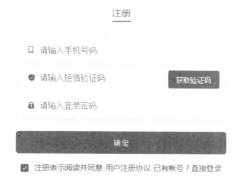

图 9-7 阿拉丁统计平台注册验证

③填入想要创建的名称以及对应行业，如图 9-8 所示。

图 9-8 创建小程序

④创建成功之后，就能看到对应的一些数据，后期可以进行合理的管理和运营，阿拉丁后台数据栏如图9-9所示。

图9-9 阿拉丁后台数据栏

9.3.2 平台的细节操作

注册好了阿拉丁平台账号之后，本节将介绍如何操作阿拉丁数据分析的后台。由于该平台所涉及的操作繁多，因此，只对重点操作进行介绍。

具体操作方法如下：

①登录阿拉丁统计平台，进入主页后点击报表，进入详细数据界面，如图9-10所示。

图9-10 数据详细界面

②今日概况，主要对当天新用户数、访问人数、访问次数以及打开次数进行统计。

③用户留存，对新增的用户以及活跃的用户进行数据分析。

④二维码统计，主要统计哪些用户是通过二维码扫描进入的。

⑤外链分析，可以对发布的外链访问进行数据分析。

⑥外链管理，在做外链分析之前，必须要添加对应的外链平台地址。

⑦分享概况，可以统计出分享人数、分享次数、回流量（某个时间段内打开的次数）

以及分享新增人数（通过分享界面进入的新用户人数）。

⑧受访页面，用于统计当前页面的访问人数、访问次数以及停留时间。

⑨地域分析，可以统计出产品更适合哪些地域的用户人群。

⑩错误分析，该功能主要是帮助开发人员对功能进行错误排查，检查出错误的次数，从而进行相应的修改与调整。

第 10 章

小游戏的发展与案例分析

　　现在提起小程序，大家都已经知道涉及的领域非常广了。但是在最开始起步的时候，绝大多数普通用户都只知道它是一款游戏。通过查询阿拉丁指数，可以看到游戏类小程序排行。在总排行榜中，最火爆的程序有 6 款属于游戏类，而且前 5 名都属于小游戏类。足以证明，小程序中游戏行业的发展前景是十分可观的。

游戏类小程序排行如图 10-1 所示。

排名	小程序名称	类别	关联公众号数 ⓘ	公众号预估阅读量 ⓘ	成长指数 ⓘ	阿拉丁指数
①	跳一跳	游戏	0	0	131	10000 ↗
②	欢乐斗地主	游戏	2	47.5万	147	9542 ↓
③	海盗来了	游戏	-	-	875	9512 ↓
4	成语猜猜看	游戏	1	0.4万	74	8741 ↓
5	最强弹一弹	游戏	-	-	679	8598 ↓
6	摩拜单车	出行服务	91	38.8万	144	8577 ↓
7	星途 WeGoing	游戏	0	0	157	8566 ↗
8	京东购物	网络购物	4	23万	145	8565 ↓
9	黑咔相机	图片摄影	1	4.6万	750	8387 ↓
10	拼多多	网络购物	3	68.4万	73	8369 ↓

图 10-1 游戏类小程序排行

10.1 熟知小游戏

现在各种各样的小游戏不断涌现出来，并且一度超越了问世较早的电商类、工具类等应用。出现这一现象的主要原因是，现在微信的用户基本以 80 后、90 后和 00 后为主，这个年龄段的用户是伴随互联网而生的，游戏是他们打发时间的最好选择。小游戏的出现，正好满足了这个年龄段大多数用户的需求。

10.1.1 小游戏的起源与发展

游戏类小程序简称"小游戏"，其发展的时间并不长，也还有更多有待完善的功能等着去实现。

在小游戏诞生之前，2016 年 12 月 28 日那天，"微信之父"张小龙在一次公开课中，以十问十答的模式明确表达了小程序在未来一段时间的发展规划。就是否能开发游戏产品，张小龙十分明确地回答"目前不能"。

面对这一巨大的用户市场，却不能做用户最喜欢的游戏，这对于精通游戏开发的技术人员来说，无疑是巨大的打击。

而就在一年后的 2017 年 12 月 28 日，微信通过自己所拥有的各类产品，向所有用户宣布，"小游戏"正式上线。

（1）合理规划

从图 10-1 中可以发现，小程序已经席卷了各行各业，但是面对发展不过数月的小游戏，还是落于下风。既然有如此庞大的流量和用户群体，为什么在一年前，微信不支持对小游戏进行开发呢？有许多运营人认为，是因为微信团队开发能力还不够。但其实在我看来，微信团队并不是技术能力不够，而是为了更好的规划。小游戏早期的顾虑如图 10-2 所示。

①未知因素太多

小程序是一款全新的产品，如果发展得好，将能颠覆整个互联网市场；如果发展得不好，或许会对微信本身的流量造成巨大的损失。

②游戏行业稳定性太差

游戏行业是能快速引爆流量的行业，但也并不稳定。游戏的口碑一直不好，尤其是对于没有自制力而沉迷其中的未成年人来说。一旦某款游戏带来巨大的流量，却对用户造成了强烈的影响，对于微信来说同样难以承担。

③探索期布局要稳

图 10-2 小游戏早期的顾虑

微信提出小程序的初衷，是打造一个完美的微信生态环境，并不是单独为了游戏这个行业创造福利。所以在探索期，要让更多的行业进来，而不能在一开始就完全放开。小游戏能够瞬间带来巨大流量，这有可能使其他行业的商家为了获利而放弃原本的行业，去选择开发小游戏。这样一来，微信原本愿景就会完全落空。

（2）启动小游戏

既然面对着诸多问题，为什么在时隔一年之后，微信却公开宣布小游戏正式上线呢？其实这从运营的领域来说，就是一种布局。通过一年的时间布局，微信官方已经牢牢把控了这个领域的所有市场，任凭小游戏如何火爆，也无法动摇花费了一年时间稳固的市场。

①市场扩充

腾讯作为微信的母体，本就是以各种游戏深入人心。想要他们完全放弃游戏市场这一块大蛋糕，显然是不可能的。当其他行业的市场逐渐饱和之后，小游戏这块大蛋糕正等着自己去开发，何乐而不为呢？

②民心所向

各行各业的产品开发，都成功吸引了一波又一波技术与运营人才的参与。但是开发市场巨大的游戏行业却迟迟没有动静，这让游戏开发人员也怨气满满。为了能够更好地造就人才。小游戏的开发也不得不走上正轨。

③流量变现

创业者或中小企业最先考虑的永远是赚钱，但是对于腾讯这种大企业来说，再提赚钱就显得有点 LOW 了。所以现在的一些知名企业，更多的是宣传正能量，比如创造新科技来改变用户的生活。只不过，难道这些企业就不赚钱了吗？当然不会。

只要有用户存在的地方就会有流量，有流量自然就会有利润。面对如此深受用户喜欢的小游戏，流量是十分巨大的。如此巨大的流量市场，利润也就可想而知了。

（3）保持态度

在 2018 年 1 月 15 日的公开课上，微信公布了小游戏的开发细则。微信官方明确表示"期待游戏开发者以绝佳的创意，提供更加好玩且有趣的小游戏。"就目前说，微信官方对于小游戏的态度还是十分开放的，只要不涉及违规内容均可。

10.1.2 小游戏问题解答

在做小游戏开发或者运营的时候，一定会遇到各种各样的问题，小游戏常见问题如图 10-3 所示。

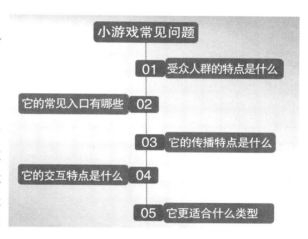

图 10-3 小游戏常见问题

（1）受众人群的特点是什么

以往任何一款游戏，只要参与其中的人都可以称为用户。因为这些游戏都是需要注册的，有注册就说明有用户。但游戏行业虽然受众群体广，却并不是每个人都会想要玩，更别说注册了。

而小游戏却不一样，小游戏针对的用户本就不是那些特别喜欢玩游戏的人，而是针对偶尔空闲，想要打发无聊时间的用户。所以他们现在所玩的小游戏，并不是自己查找并下载而来的，而是通过其他用户分享而来的。

小游戏因为轻松便捷的操作深受用户喜欢，只要通过微信分享的按钮将其分享出去，身边的朋友就能随时玩耍，无需注册。

如果后续小游戏设计得越来越完善，功能越来越强大，操作越来越复杂的话，就不是一件好事了。因为如果连玩一款小游戏都要费尽心思才能学会的话，用户大都会选择放弃。

所以小游戏受众人群的特点显而易见,他们的要求是休闲、轻松且方便。

(2)小游戏的常见入口有哪些

作为一款风靡整个中国的产品,小游戏是深入人心的。用户想玩的时候该怎么进入呢?在这里为大家介绍四种常见的小游戏进入方法。

①通过微信群或者好友分享进入。

②将微信聊天列表页面往下拉,即可看到最近玩过的小游戏。

③通过点击发现,点击小程序,即可看到最近玩过的小游戏。

④通过点击发现里的游戏,点击我的小游戏,查找想要的小游戏即可。

以往的游戏,尤其是以 APP 模式下载的游戏,大多存在着各种恶意推送。这种推送虽然单方面地为游戏运营商带来了部分用户,但也让很多用户很反感。而现在小游戏的所有入口都是由用户自己发现,或者通过好友分享进入的。小游戏的核心思想就是不干扰用户,这种模式与以往的 APP 游戏模式,有着很大的区别。

小游戏完美地继承了 H5 游戏即点即玩的特点,通过直接点击,就能轻松畅快地体验游戏带来的快乐。

(3)小游戏的传播特点是什么

小游戏是基于微信开发的,可以通过 API 直接分享到朋友圈、QQ 空间等不同的社交平台。相比其他游戏广泛撒网传播的特点,小游戏更加注重点对点的传播。而且微信本身拥有的流量就十分巨大,也不需要通过其他平台来获取额外的流量。

(4)小游戏的交互特点是什么

小游戏在交互上采用了碎片化的方式。以往所玩的游戏都是竞争、热血挑战、对决等较为刺激的类型,而小游戏采用的是闯关,一局一记分的模式。如此轻松的游戏特点,让用户能够随时娱乐。

(5)小游戏更适合什么类型

之所以称之为小游戏,就是因为不适合大型的网络对战。就目前来说,棋牌类以及休闲类这种不用费脑筋的小游戏更受用户喜欢。

10.1.3 小游戏造成的影响

现在小游戏十分风靡,但也对我们的社交造成了一定的影响。比如现在的微信群不仅有各种微商广告,还会经常被小游戏的分享所刷屏,如图 10-4 所示。如果一些用户不停地分享,会让聊天的用户产生恼火的情绪。

小游戏使用方便,游戏失败的话,只需要分享一次就能继续玩。虽然它没有出现 APP 那种流氓式的恶意宣传,却利用这种分享就能继续玩的模式,激发了用户潜在的"流氓"心理。小游戏的特点有以下几种。

①操作简单，不用费脑。小游戏完全按照傻瓜式的用户思维进行开发，许多小游戏都只是在频繁的重复某个动作。

②时间短，不误事。玩一次小游戏短则一两分钟，长则十来分钟，大多数用户利用碎片时间进行娱乐。

③高分机制，激发人性欲望。小游戏在设计上采用了高分机制，刺激用户为了能够获得更高的分数而不停地玩下去。

通过小游戏以上的 3 个特点不难发现，它确实很吸引人。但是小游戏也会对用户造成一定的影响，如图 10-5 所示。

①养成逃避问题的习惯。很多用户在遇到问题的时候，会选择玩一把小游戏放松一下。可是放松之后，却依然不去解决问题，而是将问题选择性遗忘，最后不再面对。

②无形之中增长怨气。如果用户正玩游戏时有电话打进来，可能会因为马上就要拿高分而不接，从而导致某个重要的电话被错过，心中不断懊恼。

③脑袋不想事、不思考。小游戏的初

图 10-4 小游戏刷屏

图 10-5 用户玩小游戏时带来的三种影响

衷是为用户提供一种打发时间的工具，而不是希望用户沉迷其中。放下小游戏，多和身边的人交流，多思考，多动脑，才能更好地体现自己的价值。

10.2 小游戏案例分享

2018 年，在不到四个月的时间里，小游戏迅速走红，并成功制霸阿拉丁指数。本章将为大家分享一些最近比较火的小游戏，让大家能够真真切切感受到小游戏的火爆程度。

10.2.1 最强弹一弹：职场轻松减压游戏

最初接触小游戏的时候，跳一跳的出现瞬间席卷了整个朋友圈。但从 2018 年 4 月底开始，另外一款小游戏开始走进大众的视野，无论是在公交上、地铁上、逛街购物还是聚餐的时候，都能看到很多人在玩一款全新的游戏，那就是"最强弹一弹"。最新版最强弹一弹小游戏如图10-6所示。

图10-6 最强弹一弹最新版

百度指数和微信指数显示，最强弹一弹的热度已经赶超了跳一跳，成为新一代的小游戏王者。

为什么这款游戏突然之间就火了呢？主要有以下三个原因，如图10-7所示。

（1）微信自带流量巨大

目前微信的活跃用户已经达到了9亿多人，这对于小游戏来说是巨大的流量来源。借助微信这一巨大流量，小程序的月活跃用户规模也已经突破4亿人。阿拉丁指数平台的数据分析显示，排行前100的种类中，小游戏占据了30%左右，并且以休闲、社交、棋牌类增长速度最快。

图10-7 最强弹一弹火爆的三个原因

有了微信强大的流量作为后盾，借助小游戏的尝鲜热潮，让最强弹一弹瞬间积累了一批忠实的种子用户。

（2）游戏简单更容易操作

小游戏最主要的特点在于操作简单。和之前火爆的跳一跳一样，最强弹一弹也同样如此。用户只需轻轻点击屏幕来控制小球的方向，通过与屏幕里的数字小格碰撞，就能获取更高的分数。如果带有数字的小格达到屏幕顶端，则游戏失败。

如此简单的操作，自然而然就获得了用户的喜欢。

（3）微信社群分裂式分享

最强弹一弹相比跳一跳更成功的地方就在于续命功能，用户想要获得高分的唯一方法就是不停地玩下去，一旦游戏失败，只要分享到微信群、朋友圈或者分享给微信好友，就可以继续玩下去。

用户为了获得高分而不停地玩，不停地分享，从而带动微信群的好友也会想玩，这样又会进入下一个分裂，最终造就了最强弹一弹刷屏微信群的效果。最强弹一弹产生分裂的过程如图 10-8 所示。

最强弹一弹的分裂过程很简单。

图 10-8 最强弹一弹产生分裂的过程

随着分裂的人数越来越多，知道的用户人数也就越来越多，最终使其成为了超越跳一跳的又一经典小游戏。

10.2.2 海盗来了：激战刺激对决游戏

海盗来了是另外一款比较成功的小游戏，"海盗来了"与"最强弹一弹"微信指数对比如图 10-9 所示。从中可以看到，海盗来了的热度已经超越了最强弹一弹，相对来说可玩性更高，用户黏性更强。

本次重点对该款小游戏自身进行分析，抛开微信自带的流量和群发，来看看这款小游戏有哪些值得借鉴之处。

（1）转盘机制

虽然只是一个简单的转盘，但却激发了人类内心的欲望，包括好胜心以及对结果的期盼。往小了说只是转个点数，往大了说就是在"赌博"。每转一次用户就有一种对未知的期盼，只要开始玩就很难停下来了。

（2）竞争拼杀

图 10-9 "海盗来了"与"最强弹一弹"微信指数对比

竞争并不单单指的是谁先达到目标、谁先获得高分，现在许多游戏都设计成"你不打我，我要打你"的模式，这样认为自己很厉害的用户会去攻打别人，而当被攻击的人发现的时候，则会进行反击。就这样，这款游戏陷入了一个循环机制。海盗来了玩家之间的关系如图 10-10 所示。

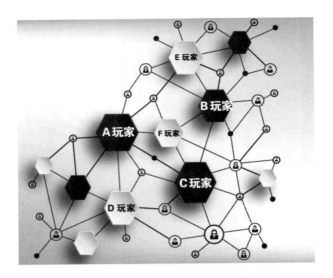

图 10-10　海盗来了玩家之间的关系

（3）保底留存

同样的东西，给多了拿回去一部分和给少了再增加一部分，给人的感受是不一样的，多数人会更喜欢后者。这款游戏也是通过这样的模式抓住了玩家的心理。

当玩家辛辛苦苦建立起来岛屿被其他玩家攻打的时候，自然想要保护自己的岛屿。而当玩家的三个盾牌都快消失的时候，就会焦急地想办法去争取更多的盾牌。只不过这款游戏还做了一个保底留存，只要你建造好了一座岛屿并升级到另外一座，那么之前的那座就不会被攻打击垮。这也让玩家觉得，哪怕被攻打再多次，也不至于一次就彻底失败，所以又有了坚持玩下去的动力。

10.2.3　跳一跳：打发碎片化时间的利器

虽说现在比较流行的小游戏非常多，但其中最为经典的，莫过于"跳一跳"了。不得不承认跳一跳是小游戏行业的鼻祖，并且是最为成功的鼻祖。2017 年 12 月 28 日，微信宣布小游戏正式上线，虽然同时推了多款小游戏，但是跳一跳却瞬间引爆了朋友圈。

那么作为如此成功的一款游戏，又有哪些地方值得运营人员借鉴和学习呢？

（1）绝佳的用户体验

用户体验是产品运营的核心之一。连用户体验都无法做到的产品，是不能在用户心中立足的。用户体验的核心在于能够让用户在使用的过程中感到轻松愉快，简单明了。而跳一跳这款游戏，在使用的时候只有三个基本操作，按压屏幕、控制时间、离开屏幕。如此简单的操作，加上高分的竞争机制，瞬间让用户爱不释手。跳一跳用户体验的六大亮点如图 10-11 所示。

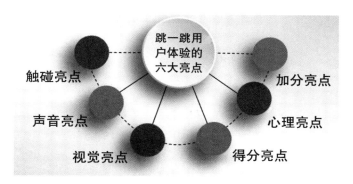

图 10-11 跳一跳用户体验的六大亮点

①触碰亮点：在触屏手机的年代，想要什么操作点一下就可以。而跳一跳却给人一种按压弹簧的感觉，在一款坚硬的手机上有这种效果，对于用户来说是一种全新的体验。

②声音亮点：用户在体验过这款游戏之后，就会发现原来可以通过按压时所发出的声音来判断跳跃距离的远近。

③视觉亮点：用户操控的角色以抛物线的方式跳跃至下一个物体，而不是比较生硬的"僵尸跳"模式，能够给用户带来不一样的视觉效果。

④得分亮点：跳一跳并不是单纯的跳过去就可以获得固定分数的模式，而是以跳跃的物体中心为标准，如果用户跳跃的距离离中心越近，那么得分也就越高。

⑤心理亮点：每个人都有攀比心，跳一跳很好地利用了这一点。每次用户超越好友的分数时，就会收到提示。为了不断的超越前面的好友，或者超越更多人，用户就会不停地玩下去。

⑥加分亮点：为了能够给用户更多惊喜，跳一跳不仅在用户跳跃固定板块的时候，根据距离中心的远近进行加分，还会时不时的出现一些特殊的物体，跳跃成功之后将会给予用户额外的加分体验。

（2）游戏机制简单

作为小游戏界的鼻祖，跳一跳呈现了什么才是简单、方便的完美体验。当第一次看到跳一跳的时候，很多用户就会有一种儿时参加运动会的感觉，这不就是立定跳远吗？对于现在一直身处城市工作的 80 后、90 后来说，这也是一种情感上的记忆。

①核心玩法：跳一跳的核心玩法在于，通过用户所看到的距离进行按压时间的预算，保证自己按压的时间正好在下一个跳跃目标的成功范围内。

②参考前辈：跳一跳的游戏机制其实参考了前辈的经典案例，即"飞鸟"，也就是我们前几年所熟知的"flappy bird"。如果大家用心一点就会发现，其实两者玩法都是差不多的，只不过展现的形式不一样。

③去粗取精：飞鸟这款游戏虽然火爆，却没有给用户停留思考的时间，在速度越来越快的情景下，用户的大脑会跟不上机器的速度。而跳一跳在每次用户跳跃并立定之后，都会给用户一个缓冲的时间。

④心理战术：游戏永远应该要被用户玩，而不能让用户有一种被游戏玩的感觉。虽然有些用户沉迷某些游戏而无法自拔，但当他们醒悟过来之后，一定不会感谢这款让他无法自拔的游戏，而是会认为这款游戏毁了自己。所以设计的游戏一定要让用户随时保持一颗清醒的大脑，让用户玩得开心，玩得舒心。而小游戏这种简单的游戏机制，也做到了这一点。

（3）技术人才贡献

再理想的方案，不能执行下来，也只能是一场空谈。跳一跳的成功，也离不开技术人才的支持和贡献。

①开发人员

目前很多游戏占用的手机空间较大，主要原因是需要在游戏里添加各种素材，以此来丰富用户全方位的体验。而跳一跳却仅仅只有3Mb。这款小游戏并没有包含太多的素材，在如此条件有限的前提下，还能做出如此惊人的游戏体验，足以证明开发人员对技术的把控程度。

②设计人员

跳一跳并没有太多的设计理念，但正是因为跳出了所谓的设计理念，才最终造就了跳一跳的成功。跳一跳里的图片非常少，而且操作的模型也非常像小时候下的跳棋。

（4）未来的路程

跳一跳打开了小游戏的市场，是起点但并不是终点。从开始出现到发展至今，跳一跳已在小游戏的里程碑上留下了浓墨重彩的一笔。

①最初的使命

跳一跳最初的使命其实就是为了让用户快速接受小游戏这个概念。微信创造了这样一款既没有难度也不会让用户觉得腻味的产品，再加上分享功能，瞬间就引爆了朋友圈，让一些不使用小程序购物消费的用户，也能快速知道它的所在。

②未来的规划

如果未来跳一跳还想要继续发展的话，可以加入一些对战方式，比如朋友与朋友之间的对决。甚至可以采用类似面对面群聊的模式，比如面对面建立一个跳一跳小房间让大家一起玩游戏等。

第 11 章

小程序，电商行业迎来新的巅峰

电商行业曾经带动了整个互联网，许多依靠销售产生利润的传统企业，都借助电商的优势实现了企业的逆袭。而电商行业的成功，也带动了各个新生行业，这里最为大众所熟知的就是快递行业。但是随着时间的推移，现在电商行业也已经达到了饱和的状态。

对于运营人员来说，开发新的渠道迫在眉睫。而此时，小程序的出现，带来了新的转机，将让电商行业迎来新的巅峰。

11.1 电商小程序如此火爆的原因

商家选择做电商的原因很简单，那就是通过直观的销售就能带来直接的利润，并且赚钱的速度也是最快的。但是永远有一些商家抱着观望的态度，他们认为自己已经有了淘宝、京东甚至是微商平台，为什么还要再去搞一个小程序？

这种想法是错误的，因为曾经马云在做淘宝的时候，就对实体店老板说："未来将是互联网的时代，将有大量的年轻人通过网上购物，实体店将不复存在"，当时那些老板将他看作疯子。结果，马云的话成真了，全球都迎来了互联网时代，电商更是成为巨头。而那些曾经没有接受马云建议的老板，也只能后悔莫及。

现在传统的电商行业已经过去了，小程序的电商时代来临了。我们不妨看看阿拉丁指数电商行业的排行榜，如图 11-1 所示。从图 11-1 中可以看到，无数电商行业的大佬都已经参与其中，而且排行榜里位居第一的是拼多多，已经超越了京东。而拼多多也只不过是近两年才兴起的一个品牌，却能在一个全新的领域打败京东，这是否足以证明，小程序的电商时代来临了呢？

排名	小程序名称	类别	关联公众号数 ⓘ	公众号预估阅读量 ⓘ	成长指数 ⓘ	阿拉丁指数
①	拼多多	网络购物	3	68.4万	73	8571 ↗
②	京东购物	网络购物	4	23万	145	8508 ↘
③	唯品会	网络购物	81	208.4万	642	7867 ↘
4	蘑菇街女装精选	网络购物	27	90.1万	98	7816 ↗
5	微选好店	网络购物	-	-	24	7568 ↗
6	女王新款	网络购物	396	683.6万	140	7487 ↗
7	美团｜外卖美食电影酒...	网络购物	7	55.2万	305	7392 ↘
8	享物说	网络购物	-	-	185	7288 ↗
9	微店+	网络购物	5	14.4万	189	7256 ↗
10	贝贝VIP	网络购物	9	124.6万	68	7022 ↘

图 11-1 阿拉丁电商行业排行榜

对运营人员来说，渠道永远是不够的。多一个渠道，就代表产品能够多一分曝光度，多一分咨询，甚至是多一分成交。小程序作为目前的热点，流量是巨大的。作为运营人员，更是不能错过这个渠道。

本节将对电商行业进军小程序的 6 大好处进行具体介绍，如图 11-2 所示。

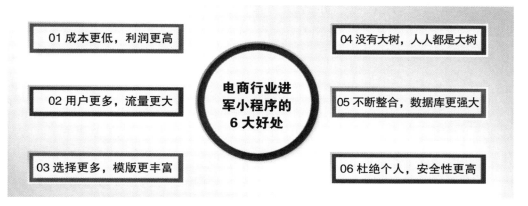

图 11-2 电商行业进军小程序的 6 大好处

11.1.1 成本更低，利润更高

这里所指的成本是多个方面，比如在淘宝或者京东开店的老板一定知道，每年都得为这些平台支付一定的费用。包括：平台使用费，12000 元 / 年；保证金 3 万元；交易抽成，每笔交易成功要抽取其中 7% ～ 8% 的费用。

但是如果搭建小程序电商平台，通常只需要支付两个费用。一是搭建平台的费用，二是微信收取的抽成费用。企业通过自主开发或者购买一套源码即可搭建起一个电商平台，相比在淘宝或者京东上开店，成本是非常低的。

对于运营人员来说，将原本属于淘宝或者京东上的用户引流到小程序上进行付款转化，是一件非常容易的事。而且在小程序上交易的话，微信产生的抽成只占 0.6%，相比淘宝和京东的 7% ～ 8% 来说，可以多出 6 ～ 7 个点的利润，这对于商家来说，利润空间更大了。

11.1.2 用户更多，流量更大

微信支付抢走了支付宝的大多数用户，而电商小程序的出现将会抢走很多淘宝和京东的消费用户。并且用户现在使用微信的频率越来越高，直接在微信里就能买到自己想要的产品，很多用户就不会再去打开淘宝和京东的 APP 了。再加上商家在这里的利润更多，自然会告诉用户，使用小程序进行付款和消费，将会有更多优惠和惊喜。这样一来，用户将会蜂拥前往该平台进行交易。

11.1.3 选择更多，模版更丰富

在小程序刚刚问世之初，许多商家认为对于不会代码的人来说，搭建属于自己的电商平台真的是太难了。但是随着小程序的不断发展，许多小程序的模版也不断出现。

这些模版的出现，完全可以解决商家们所担心的问题。商家只需下载、导入并授权使用，就能快速获得一套属于自己的电商平台。

11.1.4 没有大树，人人都是大树

这里的大树可以理解为淘宝与京东这样的平台，他们将入驻的商家平台缴纳的各种费用作为自己的养分，让自己不断壮大，而商家的利润却越来越低。而现在小程序则完全处于一种开放的状态，只要有技术就能开发全新的功能，只要有运营能力就能赶超其他同行。

11.1.5 不断整合，数据库更强大

每个平台都有数据库，而每增加一些功能，数据库就会更加强大。比如微信的搜索框，从最开始可以查找添加用户，到可以查找添加公众号，现在发展到用户可以直接通过搜索框找到自己想要使用的产品，这就是数据库的不断强大。

11.1.6 杜绝个人，安全性更高

想要在小程序里做电商生意，就必须用微信支付。为了杜绝一些钻漏洞的不法分子出现，现在只能企业或者个体商户才能申请开通。并且为了提升安全性，要用企业或者个人商户的营业执照作为审核标准，从而使小程序的支付安全性更高。

11.2 电商当道的小程序，刺激消费者五大招

小程序不止是电商领域的一个全新渠道，更是一场颠覆性的战役，而这场战役的主要核心，是围绕微信中一个非常大众化的功能展开的，那就是分享。刺激消费者不断地分享产品，就是最

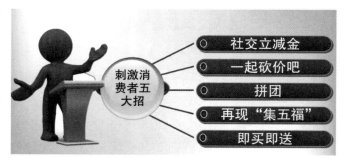

图 11-3 刺激消费者的五大招

好的运营手段。在本节将为大家介绍刺激消费者的五大招，如图 11-3 所示。

11.2.1 社交立减金

在百度搜索引擎中搜索社交立减金，如图 11-4 所示，可以看到在下拉列表中出现了星巴克的字样。这说明在使用社交立减金做营销的模式上，星巴克是做得比较好的一家。

图 11-4 社交立减金百度下拉列表

（1）什么是社交立减金

当用户通过某款电商产品进行消费的时候，会随机出现一笔奖励，类似于常见的微信支付和支付宝的模式。这笔奖励金就叫做"社交立减金"，主要作用是为了刺激用户进行消费。

（2）社交立减金的使用方法

①在用户使用小程序进行消费之后，会随机生成一笔社交立减金，通过邀请好友一起领取，就能立刻获得这笔奖金。

②当该社交立减金被领取之后，会放入卡包"我的票券"中，蘑菇街社交立减金如图 11-5 所示，当下次再使用蘑菇街进行消费的时候，就能使用该奖金享受优惠服务。

图 11-5 蘑菇街社交立减金

③社交立减金有专门的立减金卡片，用户可以通过微信自带的分享按钮，分享给微信好友或者微信群。

（3）社交立减金的好处

相比搜索和单方面的支付需求而言，社交立减金更能带动用户的积极性。从支付宝和微信支付的争夺战中不难发现，支付宝一直也想做一款社交平台，但却一直没有起色。而微信支付有着强大的微信用户以及后备力量 QQ 作为支撑，虽然是后起之秀，但依然有赶超支付宝的趋势。

这足以证明，社交才是带动用户的关键，社交立减金正是由此而来。

①分享永远是一种裂变式的操作，只要能够刺激用户主动分享，那通过分享带来

的裂变将会是 2 的 N 次方。有了社交立减金这样的利益诱惑之后，用户为了下次消费省钱，就会主动分享。同时分享的裂变方式也会为商家的产品带来巨大的曝光度，曝光度越高转化越高，相应的利润也就越高。

②社交立减金的出现很有可能让用户直接放弃支付宝，从而始终在微信这个闭环的圈子里消费。这样一来，商家将会将重心全部转移至小程序产品的运营上。

（4）案例分享：星巴克社交立减金

星巴克作为社交立减金运营的领头羊，在 2017 年 4 月便上线了"星巴克用星说"。具体操作如下：

①打开微信搜索框，搜索"星巴克用星说"，选择自己想要的礼品样式。

②通过微信支付，获取推广链接并分享给好友或者微信群，让其他用户一起抢。

③当这些用户收到礼品之后，前往星巴克进行消费，则会再次引发分享。

④通过再次分享带来更多的用户，形成一种良性循环。

11.2.2　一起砍价吧

砍价最初来源于线下，主要是当消费者觉得商家对某件商品报价过高的时候，便通过交谈的方式，让商家降低价格的一种模式。砍价成功对消费者来说，可以省下一笔钱，是一件非常值得高兴的事。

在线下砍价往往涉及面子问题，许多消费者，尤其是年轻人，不会因为几十或上百块而跟老板讨价还价。

但是如果在网上，这些年轻人可能就会对各种砍价链接感兴趣。

所以对商家来说，为了促进更多的销量，刺激用户砍价也是极好的。

（1）如何线上砍价

线上砍价只需要用户简单的分享就能实现，用户的微信朋友和微信群越多，砍价的空间就越大，用户可以省下的钱也就越多。

（2）砍价的核心

用户砍价并只是为了省钱，如果用户只是为了省钱，在线下就不会说不出砍价的话，在线上也不会频繁地分享让其他用户帮忙砍价。作为商家一定要记住，消费者分享并且希望其他用户帮忙砍价的核心其实是"他们买不起"，如图 11-6 所示。

图 11-6　用户砍价的核心

（3）朋友互砍

曾经一个互砍群里有这样一个群公告：判断对方是不是你的朋友，就看她愿不愿意帮你砍价。虽然有点片面，但却是许多用户正在做的一件事。今天你帮我砍，明天我帮你砍，既然大家都有这样的需要，那就互砍吧。这种只需举手之劳的砍价行为，在买不起又想买面前，都不是事。

11.2.3 拼团

对于喜欢购物的用户来说，拼团是非常熟悉的，曾经火爆的团购网就是采用了拼团的模式。现在小程序里的拼团，正是使用了团购网曾经的方法。

所谓拼团，指的是商家为了提高某件商品的销量而打折销售，但是需要达到一定的人数一起购买，用户才能享受该打折优惠。这也是电商行业经常使用的薄利多销的营销技巧，拼团活动流程如图 11-7 所示。

具体操作方法如下：

①商家对某款产品发起拼团活动。

②用户看到该活动之后，产生想要购买该款产品的欲望。

③用户参与该拼团活动并付款。

④为了成功购买该产品，用户发动自己的好友一起参与。

⑤如果邀请的好友人数达标，并且这些好友都参与了拼团活动，则商家正常发货。此时用户获得自己想要的产品，商家赚取相应的利润，此次拼团活动成功。

⑥如果邀请的好友人数未达标，则商家退还用户的已付款，此次拼团活动失败。

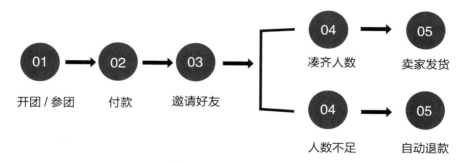

图 11-7 拼团活动流程

根据模式的不同，拼团可以分为一般性拼团、奖励性拼团、新用户拼团三种。

（1）一般性拼团

一般性拼团主要是指，用户不仅可以单独购买某件商品，也可以通过邀请好友一起购买来降低单独购买的成本。这种类型的拼团最为常见，也最受消费者喜欢。

（2）奖励性拼团

奖励性拼团主要是指，某商家为了吸引用户而对某款商品设置极低的价格，如果该产品的参与用户达到了指定的目标将会公开抽奖，中奖的用户就能以极低的价格获得该商品。这是一种典型的以小搏大来刺激用户心理的行为。

（3）新用户拼团

新用户拼团是商家给予新用户的福利，比如通过老用户将一些新用户集合起来，给新用户一定福利，同时给予老用户一定的推广佣金或者福利。

（4）案例分享：蘑菇街

蘑菇街是专注拼团的电商类小程序中比较成功的一家，蘑菇街拼团活动如图 11-8 所示。通过专注分享拼团和越来越大的影响力，蘑菇街在这个领域发展的如火如荼，其大多数新用户都是通过拼团带来的。

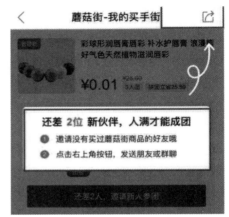

图 11-8 蘑菇街拼团活动

11.2.4 再现"集五福"

曾经火爆的集五福事件相信大家都还记忆犹新，集齐 5 张福卡就能参与抽奖，这种方法也能使用在小程序当中，当然形式可以更加多样化，且奖品也可以设置得更加吸引人。

具体操作方法：

①设计多个类型的卡片，最好以 5 张为标准，进行线上投放。

②当老用户进行消费时，随机奖励一张卡片。

③当用户获得该卡片之后，需提示用户，每获得一张卡片即可参与一次抽奖。

④其他卡片则需通过邀请好友才能获得。

⑤集齐 5 张卡片之后，可以额外获得一份实物奖品。

案例 11-1

趁着某个节日的来临，为了使产品和品牌增加更多的曝光度，商家可以举办一场"×××"活动，可以独自承办，也可以与其他行业进行合作。只要用户邀请身边的好友参与进来，就能获得抽奖机会，并且集齐 5 张不同的卡片，还能额外获得单独送出的礼品一份。

11.2.5 即买即送

这里所说的即买即送，并不是指当某位用户购买了产品之后，立刻对该用户赠送相应的礼物。而是当用户购买产品之后，赠送一定的消费券，但该用户并不能自己使用该消费券，而是可以将该消费券赠送给好友使用。

这种方式的好处在于，能够将商家的圈子打造成活水，而不是死循环。通过甲分享给乙，乙购买之后同样可以分享给丙、丁和戊，这样一来商家的用户圈就会越来越大。相反如果只是对购买的甲用户赠送，那永远只能是一种甲对甲的模式，不利于商家提升利润。

即买即送同样是一种通过分享，而对用户造成分裂式影响的营销方法。就目前来说，该方法有两种比较好的模式。

（1）消费券模式

这是一种比较常见的模式，用户甲购买该商品之后获得消费券，之后将该消费券赠送给乙，乙再拿着消费券去该店铺使用。像知名的星巴克，就是使用的这种赠送模式。

（2）实物赠送模式

实物赠送主要体现在朋友之间的礼尚往来，当用户甲在某家店铺购买实物并付款成功之后，可以将该链接分享给甲想赠送的好友乙。乙在收到分享链接之后，填入自己的收货地址，商家则会送出商品。

11.3 电商小程序案例分享

电商虽然没有小游戏的活跃度高，但是利润空间却远超小游戏。本节将重点为大家分享一些电商行业的经典案例。

11.3.1 电商行业的营销方法

小程序的诞生，让许多资本行业的大佬也看到了商机，并纷纷向各大电商行业投下了重注。作为运营人员，更加关注的是这些电商大佬们所使用的营销方法，有哪些值得借鉴并且能够为自己所用的。

（1）砸钱模式

要想赚钱首先要砸钱，这是电商行业一贯的定律。砸钱模式是最直接也是最暴利的，就是商家亏钱，

图 11-9 电商领域砸钱模式

让用户获利，先吸引用户进来。电商领域砸钱模式如图11-9所示。

通过这三种方式，能够迅速获得并积累大量的用户，用户基数越大，活跃度越高，后期的利润也将越大。

推荐案例：拼多多、京东购物、唯品会、蘑菇街等。

（2）批量模式

除了砸钱能够吸引用户之外，还有另外一种模式，那就是批量模式。即通过提升数量来增加曝光度，批量制作引流渠道的流程如图11-10所示。

在没有金钱作为支撑的情况下，唯一能够产生利润的方法，就是通过数量了。如果在早期能够搭建N个产品关键词网络的话，用户搜索每一个与之相关的应用，都会看到该企业的产品。

推荐案例：女王新款。

批量制作小程序的流程

01 注册 N 个公众号

02 并通过小程序关联这些公众号

03 每个公众号的核心都引向我们的公众号主体

图 11-10 批量制作引流渠道的流程

（3）创新模式

这里的创新并不是真正意义上开发出一种全新的模式，而是区别于传统电商的模式。以往的电商大佬为了能够提高利润，大量地使用优惠券、现金券以及红包等营销手段。而这些赠送出去的礼券，必须要在店里消费才能使用，甚至有些礼券还会有时间限制。

而创新模式并不局限于优惠券、现金券等传统吸引用户的方法，而是改为实物赠送。这种创新模式的五个步骤如图11-11所示。

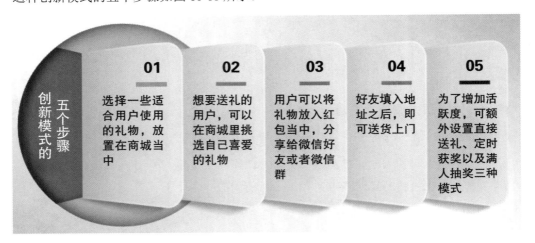

创新模式的五个步骤

01 选择一些适合用户使用的礼物，放置在商城当中

02 想要送礼的用户，可以在商城里挑选自己喜爱的礼物

03 用户可以将礼物放入红包当中，分享给微信好友或者微信群

04 好友填入地址之后，即可送货上门

05 为了增加活跃度，可额外设置直接送礼、定时获奖以及满人抽奖三种模式

图 11-11 创新模式的五个步骤

推荐案例：每日优鲜、礼物说等。

（4）自媒体模式

以往自媒体只能通过广告流量变现，但是现在越来越多的商家发现了自媒体的优势，通过自媒体进行软文营销，不仅可以提升利润，还能大大降低推广成本。自媒体营销模式的具体方式如图 11-12 所示。

图 11-12 自媒体营销模式的具体方式

推荐案例：鲸鱼好物、一条生活馆、烧饼铺等。

（5）第三方模式

第三方在任何一个行业都存在，在线下被称为中介，在线上被称为第三方。第三方的作用主要体现在两个方面，一是对于开发企业来说，为了扩大影响力，会额外授权一些功能给自己的代理商，通过代理商的宣传，进一步扩充市场。二是对于一些传统电商老板来说，自己不会做，请人又太贵，所以会借助第三方的能力，帮助自己搭建平台。企业老板只需支付少量的搭建费用，以及后期维护费用即可。

推荐案例：SEE 小电铺、京东开普勒等。

11.3.2 案例分享：拼多多的逆袭路

在这个电商行业被群雄割据的年代，想要再次打开一片属于自己的市场是极其困难的。甚至有些创业者，想都不会想。但是拼多多做到了，而且仅仅只用了两年时间就成功逆袭。虽然在传统电商领域，依然是淘宝和京东领头，但在小程序这个新领域，拼多多的用户数量早已远超其他同行。拼多多活跃用户数如图 11-13 所示，在电商排行榜中，拼多多 2018 年春季的活跃用户人数达 23332.12 万，成为了当之无愧的电商逆袭神话。

图 11-13 拼多多活跃用户数

（1）拼多多的起源

拼多多成立于 2015 年 9 月，这个开始毫不起眼的产品，却在短时间内以人们无法想象的方式迅速成长。其用户在一年内突破 8000 万，更是在之后不久打出了"一亿用户都在使用的 APP"广告语。虽然用户对拼多多的产品褒贬不一，但不得不承认，拼多多确实火了。

（2）拼多多的核心

在 2015 年，当所有电商老板都在被淘宝和京东"压榨"，为了保住仅有的利润而疲于奔命的时候，拼多多意识到，在互联网上的电商领域，想要获得更多更丰厚的利润，首先得满足用户的需求，用户既然想要占便宜，那就让他们享受占便宜带来的乐趣。

虽然流量一直是大家所关注的核心，但是真正将流量变成利器甚至是武器的也只有拼多多做到了。

（3）拼多多去中心化

当一切电商都以淘宝和京东为中心的时候，越来越多的企业开始担心自己的未来，自己的企业一直在依靠这两大平台，多少利润都是为他人作嫁衣，此时"去中心化"这个概念应运而生。

先来看一下淘宝与京东的营销模式：

①打开淘宝。

②搜索自己想要的商品。

③选择并查看是否有优惠。

④产生购买欲望。

⑤购买付款。

这是一种典型的中心化模式，也就是说用户想要购买某件商品的行为，都是由淘宝或者京东这种中心而分发下去的。

但是拼多多却巧妙地避开了这种模式，达到了去中心化的目的。

拼多多的营销模式：

①一名想要购物却想省钱的用户，对拼团有所了解，并有拼团的欲望。

②打开拼多多购物平台，选择自己想要的商品。

③购买并发起拼团活动。

④分享给微信群以及好友，一起省钱。

相比淘宝和京东而言，拼多多上每个参与的用户都有属于自己的想法，这些想法最终可以帮助用户省钱，也能帮助商家扩充影响力。

（4）拼多多的用户群

正所谓"物以类聚，人以群分"，拼多多的用户多数属于"隐形贫困人"，而拼多多这种拼团的省钱模式，恰好能缓解这些人的尴尬危机。如果让他们做一些频繁的操作才能省钱，那估计有点困难。但是如果只需要点击一个分享按钮就能省钱那他们多数都会操作。

拼多多之所以成功，更多的是认清了市场，认清了用户，认清了人性。通过拼多多的成功，运营人员可以学会以下三点成功要素，如图 11-14 所示。

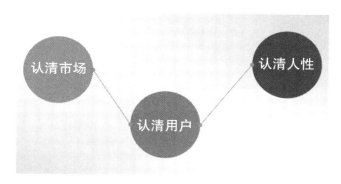

图 11-14 拼多多成功的三要素

①认清市场，不随便轻信人均水平，有钱人始终是少数。

②认清用户，绝大多数用户都会觉得自己花钱所购买的东西是贬值的，除非以超低价甚至免费的模式获得。

③认清人性，人并不是一定要去占便宜，但是会想要占便宜。最简单的例子就是在现实中，地上掉了 5 毛钱很少人会去弯腰捡，而在微信群里抢到一分钱的红包都会非

常开心。

（5）拼多多的信任源

用户在互联网上购物时最关注的问题就是商家的产品质量是否有保证，如果出现问题，又是否有正规合理的处理办法。用户在淘宝上购买商品时，会先看商家店铺的等级以及信用情况，这是淘宝官方给出的评判标准。而在京东商城购买产品，更多地是出于对于京东的信任。

淘宝和京东之所以能够使用户产生信任，是经历了多年的积累才形成的。而拼多多只不过花了两年时间，就让用户如此信任的原因就是巨大的曝光度，主要有以下三种方式。

①朋友圈刷屏。

②微信好友分享。

③微信群曝光。

通过上面三种方式的频繁曝光，不难发现，拼多多最大的信任来源是朋友之间的信任，这远比依靠平台和产品搭建起来的信任难度要低得多。

借着各种营销方式以及对用户心理的揣摩，拼多多这款依靠社交拼团的电商产品迅速走红，并成功逆袭。

第 12 章

小程序，在金融行业举步维艰

金融行业一直被称为暴利行业，但是频繁的下载 APP 也让用户觉得十分不便，虽然小程序的出现已经完全解决了这个问题，但是由于金融行业的不稳定性和不可控性，导致金融行业在小程序领域发展得并不火热。

12.1 金融小程序的未来还有待完善

虽然小程序已经席卷了各行各业，但并不是每个行业都能从中获得巨大的利润，尤其是金融行业。在最初起步之时，证监会便对金融领域进行了严格监管，而主要原因在于支付金额较高的情况下安全性无法把控。一旦出现任何问题，对用户或者投资人都会造成非常严重的损失。

12.1.1 金融领域的现状

其实作为一款大众且百姓化的产品，证监会是否有必要以及如何插手监管，是有待认识和研究的。但是面对金融诈骗事件频发的现状，出于大局考虑，如果用户在进行支付的时候是全面公开的，或许就会出现不法分子对其进行木马或者其他方式的修改，因此有必要进行监管。

虽说证监会并没有公开表明，这个产品禁止开发金融板块。但是这样的调整也相当于只是给用户做了一个展示的静态页面，并没有任何使用以及促进交易的功能。这对于金融行业来说，现状并不乐观。

证监会对金融类的调整方案有两点：

①暂停任何有关交易功能的使用，只能展示所经营的产品给用户。

②开户只支持页面跳转方式，不可直接内部支付。

12.1.2 金融领域正在创新

从设计方向来看，金融行业还有许多有待开发的亮点。由于小程序是一款完全自主的社交产品，因此存在社交性的金融领域，如银行方面可以往这方面发展。可以利用银行随处可见的营业厅进行产品摆放，以此来吸引用户享受一系列创新应用。

金融领域的创新方向：

①通过小程序进行业务办理预约，省去了在银行排队的烦恼。

②当用户使用某家银行的产品进行缴费的时候，可以提示用户收到一笔奖金，而要想获得该奖金，则需要用户下载银行的其他产品才能获得。

③展现银行独有的优势。以往 80 后以及 95 前的用户，可能会办理多张银行卡，但是在 95 后全面享受移动支付的前提下，或许就只有一张银行卡，这对于银行本身来说是极其不利的。如果可以通过微信群，宣传自家银行的福利和优势，吸引这些 95 后甚至是 00 后来办理自家的银行卡，对于银行本身的业务发展也是极好的。

12.2 金融类小程序面临的问题

现在对于金融行业来说，是否将小程序作为争夺的战场，最大的问题可能就是监管部门的限制。抛开这个硬性条件之外，金融领域面临的问题还非常多，金融行业面临的问题如图 12-1 所示。

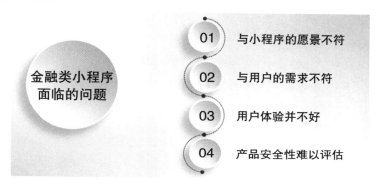

图 12-1 金融行业面临的问题

12.2.1 与小程序的愿景不符

小程序的愿景在于"随用随走"，但是对于金融行业来说，除了常用的基本功能之外，比如查询使用，就没有其他多余的功能了。这样简单的功能根本无法带来利润。加上金融行业针对的用户群体本就不多，流量也不大，所以也不能依靠流量来获利。

金融领域尤其是投资理财的领域，也无法真正做到随用随走。虽然投资理财的用户不会时时刻刻盯着某款产品的数据走向，但是既然是投资，用户必然会隔三差五的去看一下，看看自己所买的基金涨跌情况，看看自己投放在某些不属于银行直接管理的平台有没有跑路等。

面对依靠这些并不属于以高频操作来获利的公司，显然小程序的愿景并不能满足当下金融行业的需求。

12.2.2 与用户的需求不符

通过使用我们可以发现，小程序完全关闭了主动推送的功能。微信官方的主观意识非常明确，禁止这些推送功能对用户造成体验上的影响。

但是不妨试想一下，如果用户在某款小程序上投资了数十万甚至上百万的理财产品，却由于小程序没有提醒功能，导致用户根本无法查看自己所投资的产品现状，对用户而言，会很没有安全感。所以无论是短信提醒还是 APP 的推送，对于金融领域的用户来说都是安全的保障。而小程序上的这一功能，已经被微信官方完全限制。

12.2.3 用户体验并不好

用户在使用某款产品的时候，首先考虑的并不是该产品具备多少先进的功能，而是在使用的时候是否感觉顺畅。由于金融行业在小程序里不能做单纯的支付，所以有些公司在其中嵌入了 H5 页面，通过跳转页面来实现想要的功能。

而这种嵌套的功能，从技术上来说已经属于服务器的跨越，需要进行一些特殊的转译才能访问。这种情况往往会使加载时间变长，而用户对于时间的要求是十分苛刻的。通常来说如果用户在访问某个页面的时候，加载时间超过 3 秒，多数则会直接选择退出使用。

因此，在用户体验方面，如果不加以优化，金融行业要想在小程序里获得更多发展空间，也是十分困难的。

12.2.4 产品安全性难以评估

金融领域产品的不稳定性非常明显，如果不能自己完全掌握，而被腾讯这样的第三方企业所控制的话，说不定某一天就会被关掉。

主要原因有两点：

①作为金融产品的成立方，自然不希望自己的交易数据被腾讯所获得。

②作为腾讯官方，对方的金融产品是否合格，是否存在违规现象，这根本无从查起。如果贸然通过，一旦对用户造成经济损失，腾讯也会负连带责任，损失巨大。

根据这两点，无论是出于哪方面的考虑，小程序都不会大力支持金融类产品，除非该产品是由腾讯自己发起的。

12.3 目前存在的金融产品

由于监管部门的参与，导致许多金融行业不敢随便涉足小程序领域。一来开发需要成本，二来运营也是一件比较困难的事。而最重要的是，虽然其他行业都能通过小程序直接获利，而对金融领域来说，小程序却仅仅只是一个引流入口，投入与产出完全不能成正比。

目前许多金融产品已经相继下线，目前市面上仅存的与银行这种金融机构相关的小程序，基本也只是包含三大类，如图 12-2 所示。

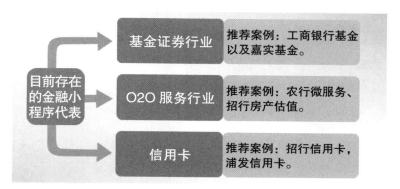

图 12-2 目前存在的金融小程序代表

12.3.1 基金证券行业

基金证券是目前金融领域的主流产品，不仅数量多，而且功能也最为完善，深受金融投资人的喜爱。在未完全被证监会所限制之前，该行业通常以买卖货币的功能为主流方向，而其他方向分别为将原有的 APP 功能进行代码转译之后，直接套用在小程序上。目前这两种模式已经被叫停，涉及的功能都无法正常使用。

现在市面上比较常见的则是以项目展现、金融知识科普、产品介绍等功能为主，不涉及任何交易以及变相引导用户交易的小程序。

案例：工商银行基金、嘉实基金。

（1）工商银行基金

工商银行基金在小程序这一领域，主要是让用户通过自身的需要去了解相应的基金等理财产品。在其小程序中一共列举了与理财有关的六大方案，并且会根据用户的条件推荐比较合适的理财方案，帮助用户做出选择。同时还会展现当前基金的走势情况以及交易的相关规则，但是同样没有出现可以直接交易或者买入的链接。

（2）嘉实基金

嘉实基金在使用小程序的时候，并没有只是单纯地做一个展示网页，而是发挥了它独有的交互功能。既然证监会不能直接让用户产生交易，嘉实基金便开发了一款类似游戏的模拟操作。当用户首次登录时，可获得一定金额的奖励，用户可以用这些奖励模拟购买基金，并体验其中的乐趣。如果用户产生兴趣，则会有开户的想法，并参与真正实际的操作。

（3）案例分析

基金一直是金融行业的领头羊，通过以上两个案例可以看出，嘉实基金其实更胜一筹。虽然证监会明确规定，在这一领域不能涉及直接交易。但嘉实基金通过虚拟的操作模式，让新用户对基金投资有了一个全面的了解。同时通过在小程序上放置的联系方式，可以让新用户快速联系嘉实基金的销售人员，保证企业从中获得更多的利润。

对运营人员来说，一定要灵活运用每一个缺口，这并不是钻漏洞，而是巧妙地使用剩余资源。只有活跃自己的脑洞，放大自己的思维，才能真正做好每一款产品。

12.3.2 O2O 服务行业

由于金融领域的核心业务被限制，因此可以开拓其线上线下的服务业务。比如提供线上预约服务，但也一定要做出相应的限制。主要原因是现在在银行办理业务的大多数都属于中老年人，他们或许并不能适应移动互联网时代带来的便利，而依然会选择通过排队的方式来获得自己办理业务的资格。如果年轻人依靠预约就能省去排队的时间，对这些中老年用户来说是极其不公平的。

当然金融领域在 O2O 里的功能远不止这些，还有其他方面的作用。

案例：农行微服务、招行房产估值。

（1）农行微服务

农行微服务推出了快速预约网点功能，为用户提供了查找银行远近的服务。

具体操作方法如下：

①用户通过搜索框进行网点查找。农行微服务具有模糊搜索匹配的功能，比如某位用户现在人在深圳宝安西乡，那么该用户在该搜索框内输入宝安西乡，即可快速展现最近的农业银行网点。

②点击立即预约功能，填入相应的信息，包括预约时间、姓名、身份证号码以及手机号码等。

③为了保证该功能不会被恶意占用资源，在功能上也设置了一定的限制。比如：七天内同一网点只能预约一次；无论大小网点，每个时间段只能预约两人，防止线下用户排队等候存在插队的麻烦。

（2）招行房产估值

房产方面主要涉及两个功能，一个是买房，另一个则是卖房。这两个功能的开发都比较简单，买房通常会涉及贷款，因此该产品的主要功能也就是一个简单的贷款表格。用户通过填入一些基本的个人信息以及想要贷款的金额，提交之后就会有相应的业务人员进行联系。当用户想要卖房时，涉及更多的是对房子进行估值。该产品可以通过房产的年限、面积、地段以及是否为学区房等条件进行综合评估，用户填入对应的信息之后，则可快速获得当前所评估房子的价值。

（3）案例分析

以上两个案例巧妙地避开了金融获利的特点，只是单方面地提供线上和线下的服务。农行微服务更多的是以便民利民为基础，这一点完全满足了用户的需求。所以服务类的产品如果可以提供更多的服务，而并非只想着获利，自然利润就有了。

而招行房产估值，虽然看起来是帮助用户评估自己的房子价值，但实际上更多的是希望购房者能够贷款购买房屋，只有用户贷款，银行才能获得利润。因此只需要推出一个表单提交入口就可以了，轻松满足购房者不能全款购买的需求。

任何行业都能够产生利润，金融行业更是如此。如果你正在从事贷款方面的运营，开发一款简单的提交表单页面，获取贷款者的信息是非常简单的。

12.3.3 信用卡

相比基金而言，信用卡更受用户喜欢。基金要有钱才能买，信用卡没钱也能办。以往开通信用卡，需要填写的资料虽然并不多，但是也比较麻烦。现在有了小程序之后，开卡流程更加简单。目前的信用卡产品功能虽然只有开卡、额度查询以及积分查询等基本功能，但是借力小程序的热度，会更加容易吸引 95 后的用户办理。

案例：招行信用卡，浦发信用卡。

（1）招行信用卡

招商银行与其他银行最大的不同之处就在于敢于尝鲜。面对这种更适合普通用户消费的产品，招商银行并没有选择观望，而是一路向前。招商银行信用卡的用户都是比较固定的，所以小程序必须是该行的客户才能登录使用。其目前的主要功能都比较常见，比如：信用卡查账，查询余额、查询积分以及办理信用卡的小常识。

（2）浦发信用卡

浦发信用卡在小程序上的投入就远比其他银行要多，不仅推出了基本的查询功能，还加上了分期还款、交易提醒、日常消息以及附近优惠等功能。浦发信用卡的运营可谓是发挥到了极致，将除了交易之外的大部分日常用到的功能均包含在了其中，而且该产品更是上线了签到送积分的功能，大大提升了用户的活跃程度。

（3）案例分析

信用卡对于用户的重要性自然不必说，但是自从有了花呗、借呗等支付工具之后，信用卡的市场似乎开始走下坡路。但各家银行依然没有放弃这一市场，主要原因是用户已经养成了使用信用卡的习惯。

想要在信用卡这一领域获取利润，用户自然成为了关键。招商银行和浦发银行以其快速开卡的功能，迅速在这一领域打开市场。所以在做运营的过程中，千万要记住，省事、省时又方便才是用户使用信用卡的首要前提。

第 13 章

小程序，教育线上线下的结合体

　　教育行业作为市面上比较热门的行业，其口碑一直不错。这里的教育行业并不是指法定义务教育的学校，而是指一些教育培训机构，包括：知识技能辅导班，如英语培训机构；成人教育，如专升本；兴趣爱好，如钢琴舞蹈培训等。

　　教育行业的市场前景十分广阔，因此不能错过小程序这一流量入口。

13.1 小程序击中了教育行业的哪些痛点

在任何一个营销领域，只要能够准确地抓住对方的痛点，必然会受到关注。小程序作为一款适合营销的工具类产品，在运营上也具备了团队协作的条件，所以不少教育行业运营人员认为，如果对其能够把握得当，教育行业在该应用上将会取得不小的成就。

13.1.1 碎片化时间管理

很多学生学习知识都是家长逼迫的，其实学生们并不是不想学，而是他们更希望能够合理地安排时间，而不是成为学习的机器。曾经诞生的一系列学习产品，都会占用学生们大量的时间。而这种低频率使用（仅在微信聊天或者闲暇之余），更适合现在的学生培养自主学习的习惯。

曾经有一位朋友在做市场调查的时候发现，学生们普遍认为如果用某款 APP 学习知识，会惯性地产生抗拒心理，且无法坚持。但是如果换做现在的小程序，他们或许会每天花上十几二十分钟记住某些知识点。这主要是因为，现在的学生打开微信已经是一种常态，并且可以合理利用碎片化的时间，学习起来不会感觉累，且能劳逸结合。

案例 13-1

沪江英语作为英语培训的行业巨头，第一时间就发现了小程序带来的机会，接连开发了"天天练口语"和"小 D 词典"两款产品，天天练口语首页如图 13-1 所示。通过这两款产品的投放，沪江英语的运营人员发现，仅仅上线不到一周，访问量就突破了 200 万人次。虽然使用的周期，用户的停留时间并不如相同时间 APP 带来的效果，但用户数量却得到暴增，相比之下它的优势越发明显。

13.1.2 开发投入成本低

微信当初为了拯救 QQ 的衰落而问世，一开始只是一款普通的聊天工具。但随着时间的推移，微信的功能越来越强大，每次上线一种全新的功能，都能成为互联网中的热点，曾经的公众号、服务号就是如此，现在的小程序也不例外。

小程序非常简易，功能并没有 APP 强大，但是

图 13-1 天天练口语首页

依然能够满足用户的需求。从教育行业来说，想要在这个方向推广开，只要抓住学生的两个痛点就可以了。

①查询自己想要的学习资料。

②学习资料最好能够分等级。

做教育并不是为了促进学生的交易，而是要刺激学生产生学习的心理。所以并不需要开发太多功能。

而且现在学生使用微信的频率特别高，通过与公众号的结合，不仅可以降低企业的开发成本，更能刺激学生抛开以往老套的学习方法，接受全新的学习方式，让学生有一种绝佳的学习体验。

现在许多教育机构获利的模式依然是通过线下培训，但是在这个随时都能通过互联网学习的环境下，线下培训班还能走多久，也成为了教育行业要面对的一道难题。

13.1.3 APP市场的暗淡

随着小程序的诞生，用户使用APP的频率越来越低。根据某报社记者在互联网上的调查发现，有将近50%以上的用户认为它将有可能取代APP，另外还有20%左右的用户表示，看好它的发展，未来将会卸载APP。

互联网刚刚起步的时候，做一个大型的网站就能养活一家公司，甚至成为上市企业。而现在想要快速通过网站获利，即使搭不少钱进去也不一定能成功。几年前APP刚刚兴起的时候，一款APP的诞生瞬间就能引爆市场。而最近两年，几乎没有哪家企业会再想做APP，因为市场已经基本饱和。

虽然小程序的出现不会彻底让APP消失，但同样会给APP造成不小的冲击。这一点通过微信的诞生就能证明，虽然QQ依然存在，但使用的用户越来越少。借助微信的巨大流量，利用小程序来引导学生学习和消费，并不是一件难事。

13.1.4 公司人才线上化

现在大部分公司的员工都是以80后和90后为主，这两个年代的从业者大多都是伴随互联网长大的。而教育行业却是传统行业，以线下培训班为主，所以让他们去做线下是非常吃力的。但是如果公司给出一定的资金投放，他们一定会优先考虑通过微信来搭建线上的环境，以往没能满足用户需求的功能，能够借助小程序来一一实现。

13.2 教育行业在小程序里能做哪些事

要想知道教育行业能通过小程序做哪些事，首先得从它的运营要点出发，这其中最重要的一点就是招生，只有招到学生才能真正获利。

13.2.1 小程序为教育行业解决的 5 大难题

教育机构在运营上多多少少也会面临一些问题，比如：招生困难、品牌难以打响、口碑难以传开、学员难以管理、教育课程不统一等，而这些问题依靠小程序都可以解决，如图 13-2 所示。

图 13-2 小程序为教育行业解决
的 5 大难题

（1）招生

以往培训机构的招生范围一般都是某几个固定的小区，而且还是依靠传统的发传单模式。利用小程序的话，用户可以通过微信查找附近的培训班，只需要简单的宣传就可以进行招生，十分方便快捷。

（2）塑造品牌

学生和家长都想选择教学质量好的培训学校，但是在最开始的时候，如果培训机构并不非常出名的话，就需要靠包装来吸引用户了。

可以通过小程序的界面展示，向用户展现教学团队、发展历程、师资力量、所获得的荣誉等等，从而加深家长和学生对学校的认可度。

（3）搭建口碑

口碑是需要传递的，借助微信巨大的流量和分享功能，能够实现裂变式的口碑营销，很快就能在圈子里传开。

（4）线下预约

可以设置一些有针对性的一对一辅导培训。通过学生自己情况的描述，推荐合适的指导老师，为学生省去不必要的预约时间，直接进行辅导。

（5）在线课堂

以往学生想要学习，只能在附近的培训机构。但是由于地域条件的限制，每个授课老师的教学水平也参差不齐，学生想要学到真正有用的知识，也比较困难。所以可以在小程序里开发在线授课的功能，这样学生有任何问题都能及时与老师交流。一方面增加了学生与老师的互动频率，另外一方面也提升了学生对于教育机构的黏性，从而形成有效的转化。

13.2.2 小程序为高校教育解决的 4 大问题

除了一些私立的培训机构之外，小程序还能为高校教育解决许多问题。一般来说正规大学往往不会担心招生的问题，所以小程序的出现，更多是为了让学生在高校使用一些基本功能的时候更加方便。小程序为高校教育解决的 4 大问题如图 13-3 所示。

图 13-3 小程序为高校教育解决的
4 大问题

（1）学校概况清晰化

一般来说大学新生或者校外的游客，对该学校并不了解。有的学校非常大，想要走完全程也是一件比较吃力的事。如果使用地图功能，对于一个学校来说又有点夸张。如果使用手机小程序就能查看学校概览会非常方便。

而且如果具备一定的开发能力，学校还可以在小程序中增加内部设施的文字以及语音介绍，以此来增进新生对学校的了解。

（2）校园卡完全电子化

在学生时代，大家都有许多各种类型的校园卡，比如饭卡、门禁卡、图书借阅卡等。这些卡片的使用，确实给学生带来了不少的方便。但学生也经常会出现卡片丢失的情况，如果不及时挂失，难免会被盗刷。

利用小程序，可以将学生的信息录入进去，并且根据不同的需求，创建一些虚拟的电子卡。学生在消费的时候，拿出对应的电子卡即可成功消费，这样就能够避免因为丢失卡片而造成的困扰。

（3）选课更加精准化

现在每个学院都配备了专门的教务系统，以此来掌握每个学生的学习情况，包括期末考评、选课以及学生自主查询等。但是对于只能在电脑上操作的教务系统来说，很容易在某个时间段由于集中访问量过大而出现系统崩溃。

有了这款产品之后，学院可以将部分功能单独移植到小程序上。比如当学生需要报考选修课的时候，可以单独为独立的院系搭建一个应用，以此来减轻大批量学生在某个时间段的使用负荷。

（4）图书借阅便捷化

很多学校的图书馆借阅图书是需要办理借阅证的，有的还需要单独登记，比较烦琐。而且大部分图书馆虽然可以通过校园网进行查阅，但是查阅的信息也并不一定十分准确，比如有些图书显示未被借出，但当学生去借阅的时候，或许会因为摆放顺序而错过该书。

而利用小程序的话，图书管理员可以在每本书上贴上定位识别的二维码，通过录入系统，将这些书有一个精准的定位，可以方便学生快速借阅。

13.3 教育小程序案例分享

随着家庭对子女教育的重视程度越来越高，家长们为了孩子不遗余力地进行投入，使得教育行业走上了另外一个巅峰。

尤其是寒暑假期间，家长们自然不希望自己的孩子只顾着玩耍，一定会让孩子报一些培训班。教育行业在这两个时期都会迎来一个爆发，面对如此火热的招生旺季，教育培训机构又该如何抓住这个机会呢？

本章将为大家介绍某教育机构是如何通过小程序打开全新渠道，又是如何实现在上线不到一个月的时间内，销售额达到数十万。为了避免广告嫌疑，该教育机构以匿名形式展现。

13.3.1 教育机构基本信息

小程序名称：某某教育中心

机构介绍：该机构成立于 2014 年，位于深圳宝安区。主要以开设特长培训班为主，不断研发更加有利于儿童成长的课程并加以推广。主要开设的班级有：武术、舞蹈、钢琴、绘画、国学、书法等多个特长培训班。经过 4 年的不断努力该机构已经培养出多位优秀学生，深受家长及学生的喜爱。

该产品的运营负责人李经理说："教育培训行业的运营核心有三点：一是招到学生，二是留住家长，三是扩充销量。"以这三点为核心，借助小程序的流量热潮，该教育机构从招生到转化获利取得了巨大的突破。

2018 年初，该教育机构开通了小程序，并自主研发了一套十分完善的系统流程。他们将传统的线下课程搬到了线上，借助"小程序＋公众号"的强大流量，通过线上营销真正实现转型。

图 13-4 教育行业运营的四大招

李经理表示："其实做教育行业产品运营并不难，只需要简单的 4 个方法，即可为企业带来不小的利润。"教育行业运营四大招如图 13-4 所示。

13.3.2 第一招：菜单跳转，高速引流

以前教育招生时，必须要学生或家长到教育机构进行面对面的交流。这对用户来说十分不便，对教育机构来说，也会因为维护不当而造成用户的流失。面对这一问题，该教育机构采用了以下办法。

①线下放置二维码，以随时关注学生动态为由，吸引家长们关注。

②家长关注后，机构进行相应的备注和维护。

③安排专门的运营人员及时对关注的用户进行沟通以及跟进。

④将产品的入口添加至公众号的菜单栏，方便用户第一时间进入。

13.3.3 第二招：定位明确，社群引流

对于教育机构来说，用户分为两类，一类是学生，另外一类则是家长。能够真正为企业带来利润的不是学生，而是家长，他们才是真正起到决定性作用的用户。该培训机构主要以儿童为主，所以大部分的家长均为 85 后甚至是 90 后。他们基本都会使用微信，并且有相应的微信社群。相比传统的社群而言，微信更能带动年轻家长们的积极性。而且在定位上，该机构更多地是以推荐优秀的老师和优惠活动作为方向，主要有以下方式。

①搭建不同的微信社群。

②对微信群进行日常维护，重点涉及家长们的子女学习进度情况。

③适当推荐精品课程以及相应的优惠活动。

④对有兴趣的用户，进行合理的转化。

13.3.4 第三招：内容结合，周边创收

小程序虽然不太适合做内容营销，但是可以与公众号进行结合。在这个依靠内容就能做营销的年代，一篇文章带来的利润也是非常可观的。李经理通过对一些热门动漫、明星角色的关注，发现他们都有属于自己的周边产品，于是，他开始了另外一个方向的营销布局，以此来提高机构的收入。

①在公众号内撰写优质软文，并将课程的优势植入到文章当中。

②添加引导性的话语，尤其是刺激家长希望孩子成才的心理。

③除了课程之外，还配套售卖其他产品，比如：文具盒、签字笔、橡皮擦等学习用品。

④在学习用品上刻上属于自己品牌的字样，以此增加教育机构的品牌影响力。

13.3.5 第四招：线下助推，线上发力

对教育机构而言，线下始终是不可缺少的重要环节，尤其是对新用户来说，他们往往会先到线下进行实地考察之后再做决定。所以作为教育机构，还可以采用以下方法。

①有家长或者学生到线下进行咨询时，引导他们关注公众号并使用小程序。

②介绍小程序中的课程优惠。

③促进下单支付，以此来提升线上的转化率。

④与线下发布传单、摆放宣传海报等多种地推手段同步进行。

13.3.6 从零到获利数十万的技巧

现在每个行业的市场竞争都非常大，为了抓住生源，运营人员也是想尽了办法。在绝大多数教育机构都还在对小程序观望的时候，案例中的李经理却已经先人一步，帮助企业从中获得了数十万的利润。而且只是通过打造 4 个简单的爆款活动，借助微信的分享功能，引爆了整个家长圈。从零到获利数十万的四大技巧如图 13-5 所示。

图 13-5 从零到获利数十万的四大技巧

（1）限时秒杀

具体操作方法如下：

①在节假日期间，将原价为 580 元的课程，统一降价为 380 元。

②名额有限，最好设置在 20 位以内，营造一种争夺的气氛。

③提前预热，为该限时秒杀做充分准备。

④活动仍是以推广产品消费为基准，也可以让用户看到其他课程的优惠活动。

（2）买一送一

具体操作方法如下：

①为了迎接暑假的来临，特送上多套组合方案课程。

②组合方案以买一送一为主，比如购买奥数培训课程，赠送国学研修等。

③每个课程组合依然需要限量，营造抢购氛围。

④以广告语"买一次课，跨越两个阶梯；付一次钱，提升两个等级"等，刺激家长希望孩子成才的心理。

（3）变相打折

具体操作方法如下：

①杜绝传统的打折方式，向用户告知，只要花费 1 元钱在应用里购买某款产品，即可获得价值 1000 元的现金券。

②该现金券需要在校区内充值 5000 元以后方可抵用，比如充值 5000 元，即可享受 6000 元的课程辅导、培训教程以及额外的私人培训。

③在用户使用 1 元即可购买价值 1000 元的现金券时，一定要让用户留下联系方式，方便及时跟进。用 1 元钱就能换取一个有意向的客户，也是十分划算的。

④该操作方式既可以回馈老用户，也可以拉拢新用户，双管齐下。

（4）早买早省

对于孩子的教育，家长也希望能够尽量省钱，所以作为运营人员，也要抓住家长的这个心理，让家长既能成功为孩子报班，又能省下一笔金钱。

具体操作方法如下：

①机构需要根据需求搭配合理的方案，在核心基础方案不变的情况下，给出不同的等级方案。

②核心方案可设置为"100 元可抵 500 元"。

③设置三套不同的等级方案，第一套为前 50 名即可享受 100 元抵 500 元使用；第二套为第 51~100 名即可享受 200 元抵 500 元使用；第三套为前 101~150 名即可享受 300 元抵 500 元使用。

④通过这些方案，让家长有一种既然反正是为了孩子好，又能省钱，何不早点购买的心理。

因此，通过"小程序 + 公众号"的运营手法，可以为一些不是非常出名的培训机构打开新的市场。

第 14 章

医疗小程序，解决患者心中的"痛"

　　医疗行业一直是一个饱受争议的行业，一方面它能够为病人减轻痛苦，另外一方面又让用户觉得花钱太多。但医疗与健康相关，现在大众对健康的关注度也越来越高，因此，医疗行业还是十分广阔，可以向众多方向进行发展的。

14.1 医疗行业 APP 的错误盲区

小程序的出现解决了两大问题，第一是腾讯内部问题，腾讯在开展订阅号之后，随后又发起了服务号，但是服务号的出现并没有带来太大的影响。第二是外部竞争问题，在 APP 市场饱和的情况下，如何减少其他行业的市场，进一步扩张微信的影响力。

但是在各行各业都发展的如火如荼的情况下，医疗这个饱受争议的行业，并不像电商那样发展十分顺畅，主要原因是没有哪个用户会希望自己生病。对于医疗产品的运营人员来说，他们之所以无法取得突破，也是由于走进了一些错误的盲区。

14.1.1 过于专注数据

通过之前的学习，大家已经知道数据能够很好地说明一家企业的经营情况。尤其是对 APP 而言，下载量、用户量以及活跃度等数据能够为许多行业带来不小的利润。但是对医疗行业来说，这些数据的意义就不大了。

因为一个身体健康的人，不可能会整天活跃在医疗 APP 里，因此，医疗行业的运营过于关注数据就是走入了盲区。

14.1.2 推送信息"你有病"

就目前的医疗水平来说，想要真正治好疾病，除了到医院就诊之外也就吃药能够解决问题。而一些 APP 呢？不仅不能从根源上解决问题，甚至会给用户带来不小的心理压力。

举个例子来说，假如一位用户在外开心游玩的时候，突然收到一条某款医疗 APP 推送的信息"快来检查一下你的身体是否合格吧"。用户看到之后，开心的心情是否会受到影响呢？应该没有一个人会希望有个提醒"你有病"的功能，时时刻刻存在吧。

其实这也可以侧面说明为什么那些宣扬大数据健康管理的医疗公司，永远都处于一种半死不活的状态。因为这类产品不仅没有从根源上解决患者的疾病，反而给他们造成了不小的生活压力。虽然这类应用的初衷是好的，希望帮助患者解决一些小问题，比如某种疾病的基本症状，让用户有一个合理的对比。但是这就好像长辈不懂年轻人一样，长辈永远会对年轻人说"我都是为了你好"，哪怕年轻人心里知道这是为了自己好，只不过又有多少人愿意接受或者承认，这是真的为自己好呢？

14.2 医疗行业案例分享

医疗小程序的出现在本质上解决了以往 APP 给用户带来的烦恼，真正实现了随用随走的功能。现如今已经发展了有一年以上的时间，也已经有多家医疗企业参与其中。已上线的医疗产品如图 14-1 所示，本节将重点为大家介绍一些医疗行业的案例。

图 14-1 已上线的医疗产品

14.2.1 好大夫在线：解决患者求医难

医疗类的 APP 对于用户来说，是需求十分低频的软件。患者最多使用一些查找和咨询的功能，而这些功能只不过是医疗 APP 庞大功能中极少的一部分。

好大夫推出的应用名称为好大夫 +，现已更名为好大夫在线，主要是为了解决普通患者的轻量级需求。在最初上线时功能也比较单一，只有单独的医生与医院查找功能。但是经过一年的发展，所具备的功能也越来越完善，好大夫在线如图 14-2 所示。

案例分析：

好大夫在线为患者提供了独有的医生查找服务，其中包括医生的个人简介、出诊的时间和地点、擅长诊断的病种以及拥有患者评价功能。而且还为患者提供了多方位的查找功能，比如可以按照科室、医院和疾病查找对应的医生，方便了患者多方面的用户需求。

图 14-2 好大夫在线

在医疗领域，患者用到的功能其实并不多，一般有两种可能性，一种是患者对自己的身体抱有疑问，而没有确诊，想要通过咨询专业医生解决这些问题；另外一种则是患者确诊，但就医之后却没有得到彻底根治。

所以在做这种类型的产品运营时，一定要记住合理区分患者的病种，让患者第一时间就能找到自己的病情原因；并且要在第一时间内进行回复，患者就像顾客一样，如果迟迟得不到回复，选择放弃也是早晚的事。

14.2.2 美柚：专注女性生理周期

美柚这款应用对于女性来说应该都不陌生，它是一款针对女性用户开发的产品，用于记录女性的生理周期。美柚准确来说应该属于工具类的应用，并不属于医疗方面，只不过生理周期也会涉及一些疾病。

美柚最初的时候在小程序领域上线了两款应用，分别是美柚 APP 以及柚宝宝 APP（注：此处的 APP 为小程序名称）。这两款应用分别提供不同的服务，美柚 APP 主要帮助用户对经期进行记录，并且提供一些文字方面的科普知识。而柚宝宝 APP 则是帮助女性在备孕以及怀孕期间进行记录服务。

目前搜索美柚关键词，可以发现小程序中出现了"美柚拼团"这一应用，如图 14-3 所示。足以证明，美柚也没有放过电商这一板块。

图 14-3 美柚拼团

案例分析：

产品并不是做得越大越好，能够做好一种人群的服务也是完全可以的。美柚就是这样一款成功的产品，定位十分准确。女性的市场是巨大的，针对女性用户的必需品开发的产品，首先在市场上就取得了绝对的创新优势。其次美柚在后期的服务与产品更新上，也做到了让用户满意，最终深入人心。

作为运营人员，尤其是企业的创始人，创新意识是非常重要的。如果只是一味地做已经上市的产品，注定无法成为巨头。创新意识对于任何一个岗位而言都十分重要，曾经互联网的百度，如今医疗行业的美柚，出行行业的共享单车，包括现在大家所学习的小程序运营，都是创新出来的全新产品。

只有不断接受新的事物，紧跟市场步伐的运营人员才可以越走越远，成为真正的运营大咖。

14.2.3 药代通：药品代理轻松搞定

医疗行业可以为患者解决问题的功能主要有两个，一是帮助患者及时了解病情以及就诊方案，二是对于药品的了解。在药品方面，做得比较好的当属药代通这款产品，药代通首页如图 14-4 所示。

药代通可以称得上是一个专门针对药品而搭建的小型招商平台，现在主要开发的功能有如下四个。

①医药企业可以发布及查询需要招商的药品名称。

②代理厂商可以发布及查询需要代理药品的名称。

图 14-4 药代通首页

③药代通独有的众包功能。

④代理商用户可以根据需求进行自动匹配，推送对方想要的信息。

案例分析：

药代通作为一款需求并不是很高的产品，主要针对的是药品代购商。运营这种需求比较单一的产品，更多应是以收集为主。通过收集互联网上的一些药商信息，引导他们进入该产品进行药品代理。但是针对药品而言，监管也是十分重要的一个步骤。

通过药代通这款产品的发展可以发现，作为运营人需要注意的是，针对合理的方向进行推广。提供给药商一种服务与质量的保证，以服务与药品质量取胜，才能在这种需求并不强烈的行业获得更多利润。

写在最后

　　小程序作为微信旗下的重点运营项目，在正式上线之后逐渐形成了自己的商业模式，并且开始深入人心。为什么小程序能够实现这完美的逆袭呢？在掌握如何运营之后，本章将为大家重点介绍小程序这一年多以来的发展历程。

小程序大事件分享

2017 年 1 月 9 日：正式发布并上线，各行各业的知名品牌纷纷进军，并接二连三被全国各大知名媒体报道，有一种强势出击的感觉；

2017 年 1 月 11 日：第一波尝鲜的企业开始公开各自的流量大数据，小程序开始崭露锋芒。其中"小睡眠"应用以短短两天时间达到 13 万 PV 值位居榜首；

2017 年 1 月 14 日：逻辑思维创始人罗振宇率先关闭"得到"小程序，并公开宣布不做这款产品。此消息一出，瞬间在媒体圈传开并得到各界自媒体人的附和，小程序前景开始出现危机；

2017 年 1 月 31 日：小程序关键词的百度指数，从最高峰的 10 万＋瞬间跌破 2000 点，互联网圈子开始对它闭口不谈；

2017 年 2 月 15 日：某知名平台公布小程序在开发者心中的使用数据，超过 30% 的开发者认为，没有制作的必要；

2017 年 3 月 29 日：微信逐渐放开限制，让开发门槛降低，其更加简单化的操作流程，引起无数创业者的重新关注并开始尝试自主开发；

2017 年 4 月 15 日：微信官方宣布，所有流量入口供开发者自行使用，比如：二维码、门店以及公众号关联等入口逐一打开；

2017 年 5 月 4 日：支付宝与携程合作，开启"携程旅行"之路。支付宝单方面表示，已经在邀约其他知名企业对其进行测试；

2017 年 5 月 18 日：某企业为了吸引流量，使用恶意营销宣传，在不到 5 小时的时间内斩获 1700 万流量，使这款产品再次火爆朋友圈。但随后该恶意行为被微信官方封杀；

2017 年 7 月 6 日：各方面功能被完全发掘，第三方平台疯狂涌入，帮助更多中小企业更加快速获得属于自己的产品；

2017 年 8 月 10 日：小米方面正式加入小程序争夺战，以"直达服务"为名开启了战略布局；

2017 年 8 月 18 日：支付宝因单方面直接复制微信官方开发示例代码引起用户不满，支付宝官方不得不以技术失误为由进行道歉；

2017 年 8 月 24 日：蘑菇街借助小程序，在一个半月时间内引来 300 万新客户，这一惊人的数据，将它的热潮彻底推上顶峰；

2017 年 9 月 18 日：支付宝向用户正式公测，并开始争夺微信用户市场，但已经为时已晚；

2017 年 11 月 9 日：微信在某会议上公开行业数据报告，称已经覆盖了 200+ 个细分行业，小程序的天下正式打稳；

2017 年 11 月 16 日：为了适应更多商家需求，微信正式上线微信小店，电商行业新一轮的创业热潮正式来临；

2017 年 12 月 28 日：小游戏上线，跳一跳的出现与刷屏，彻底将用户带入小程序这一浪潮中，并获得支持；

2018 年 1 月 15 日：微信公开课 PRO 现场，官方发布重磅数据，小程序日活跃用户数达到 1.7 亿人次、已上线数量 58 万个，覆盖 100 万开发者以及 2300 个第三方平台。

此大事件数据截至本书正式出版之前，来源于互联网，由作者本人收集整理。

从以上的大事件中不难发现，小程序的路走得并不顺畅。在最初上线不久就被大佬吐槽，并被互联网的其他用户跟风搅局。万幸的是微信官方并没有放弃，而是在这之后进行了数百次的产品更新，让更多运营人员以及企业老板看到了流量红利。于是在第一波企业尝到甜头之后，其他行业纷纷加入战局，在 2017 年的 7~8 月，开始正式一路高走。

尤其是电商以及小游戏这两大类小程序上线之后，用户的购物以及休闲更是带来了巨大的流量。频繁切换 APP、碎片化时间的无法消磨等烦恼均被这两大应用所解决。在 2018 年初，小程序的商业帝国也已经有了一定的规模，相信在未来的道路上将会越走越远。

而对于运营人员来说，学习如何做好小程序的运营，并牢牢抓住它带来的红利商机，对于自身的成长、学习以及帮助企业获利，都将有着重大意义。